Ningbo Gaodeng Zhiye Jiaoyu
Guojihua Yanjiu

宁波高等职业教育国际化研究

任君庆 等 / 编著

ZHEJIANG UNIVERSITY PRESS
浙江大学出版社

目 录

第一章 高等职业教育国际化的基本理论 …………………… （1）

第一节 高等职业教育国际化的内涵与本质 ………………… （1）

一、高等职业教育国际化的内涵 …………………………… （1）

二、高等职业教育国际化的本质 …………………………… （6）

第二节 高等职业教育国际化的必然性 …………………… （7）

一、适应经济全球化的需要 ………………………………… （7）

二、应对高等教育国际化的需要 …………………………… （8）

三、高等职业教育发展的需要 ……………………………… （9）

四、落实国家教育战略部署的需要 ……………………… （10）

第三节 高等职业教育国际化的标准 ……………………… （12）

一、高等职业教育理念国际化 …………………………… （12）

二、人才培养目标国际化 ………………………………… （13）

三、课程国际化 …………………………………………… （14）

四、高等职业教育资源国际共享 ………………………… （15）

五、学术交流与合作研究国际化 ………………………… （16）

六、人员国际交流 ………………………………………… （16）

七、实验实训国际化 ……………………………………… （17）

第四节　高等职业教育国际化的路径选择 …………………………（18）

一、拓宽国际视野,树立国际化的高等职业教育理念 …………（19）

二、推进文化认同教育,建设丰富多样的校园文化 ……………（20）

三、提升国际教学能力,组建国际化的专业师资团队 …………（20）

四、完善服务型保障机制,确保高等职业教育国际化有序推进 …（21）

五、专注专业和课程建设,打造国际化品牌专业和优质课程 …（22）

六、依托国际项目和跨国企业,改进人才培养模式 ……………（23）

第二章　高等职业教育国际化的国外实践与启示 …………………（25）

第一节　澳大利亚高职教育国际化 …………………………………（25）

一、澳大利亚高职教育国际化办学理念 …………………………（26）

二、澳大利亚高职教育国际化办学形式 …………………………（26）

三、澳大利亚高职教育国际化课程体系 …………………………（27）

四、澳大利亚高职教育国际化师资培养 …………………………（28）

第二节　德国高职教育国际化 ………………………………………（28）

一、德国高职教育国际化办学理念 ………………………………（28）

二、德国高职教育国际化课程体系 ………………………………（29）

三、德国高职教育人员国际化 ……………………………………（29）

第三节　新加坡高职教育国际化 ……………………………………（30）

一、新加坡高职教育国际化课程体系 ……………………………（30）

二、新加坡高职教育国际化师资培养 ……………………………（30）

三、新加坡高职教育国际化合作交流 ……………………………（31）

第四节　澳大利亚、德国、新加坡高职教育国际化实践的启示 ……（31）

一、树立国际化的办学理念和人才培养理念 ……………………（31）

二、重视国际课程开发与外语教学 ………………………………（32）

三、培养师资队伍的国际化水平 …………………………………（32）

四、广泛开展高职教育领域内的国际交流与合作 ………………（32）

第三章　宁波高等职业教育国际化动因、发展优势与存在的问题 …（33）

第一节　宁波高职院校国际化发展优势 ……………………………（33）

一、区域高等教育规模不断扩大 …………………………………（33）

二、宁波高职教育国际化拥有较好的经济基础 ……………… (34)

三、宁波市政府高度重视高职教育国际化 ………………… (35)

四、宁波高职院校国际交流与合作办学经验日益丰富 ……… (38)

五、宁波高职院校师资水平提升明显 ……………………… (40)

六、宁波高职院校高技能、国际化的人才培养趋势更加明显 …… (40)

七、宁波高职院校积极开展高职教育援外培训,助力企业和

职教品牌"走出去" …………………………………… (41)

第二节　宁波高职教育国际化存在的问题 ………………… (45)

一、国际化发展理念与规划不足 …………………………… (45)

二、师资国际化水平不高 …………………………………… (45)

三、课程的国际化不足 ……………………………………… (46)

四、合作办学项目质量不高 ………………………………… (46)

五、国际交流的主动性不强 ………………………………… (47)

六、国际化教育质量认证体系尚未建立 …………………… (48)

第四章　宁波高职教育国际化政策与案例研究 ………… (49)

第一节　宁波高职教育国际化政策和项目 ………………… (49)

一、宁波高职教育国际化政策 ……………………………… (49)

二、宁波高职教育国际化项目 ……………………………… (51)

第二节　宁波高职教育国际化的实践案例 ………………… (52)

一、宁波城市职业技术学院与澳大利亚 TAFE 学院合作建立宁波

TAFE 学院 …………………………………………… (52)

二、浙江纺织服装职业技术学院与韩国大邱工业大学合作开设

人物形象设计专业 …………………………………… (61)

三、宁波职业技术学院"中国职业技术教育援外培训基地"开展的

职业教育援外培训 …………………………………… (61)

四、浙江纺织服装职业技术学院与英国索尔福德大学共建中英

时尚设计学院 ………………………………………… (62)

第三节　宁波高职教育中外合作办学实践的主要特征 …… (62)

一、以引进国外优质教育资源为主 ………………………… (63)

二、以专业层面的项目合作方式为主 …………………………（63）

三、为学生提供出国深造的通道 ……………………………（64）

四、以援外基地为平台实施职业推动"走出去"………………（65）

结　语　宁波高职教育国际化发展的政策建议 ………………（66）

参考文献 ………………………………………………………（68）

附　录　宁波职业技术学院援外培训工作总结报告(2015—2017) …（73）

索　引 …………………………………………………………（92）

后　记 …………………………………………………………（94）

第一章　高等职业教育国际化的基本理论

本章关于高等职业教育国际化基本理论的研究包括四个方面的内容：高等职业教育国际化的内涵与本质、高等职业教育国际化的必要性、高等职业教育国际化的标准、高等职业教育国际化的路径选择。

第一节　高等职业教育国际化的内涵与本质

一、高等职业教育国际化的内涵

（一）相关概念界定

1.高等教育国际化

探讨高等职业教育国际化，首先应对高等教育国际化的概念进行界定。早在 20 世纪 70 年代，高等教育国际化这一概念就已经开始在欧美国家广泛使用。

美国学者阿勒姆（Arum）和瓦特（Water）认为："高等教育国际化是与国际研究、国际教育交流与技术合作有关的各种活动、计划和服务。高等教育国际化包括课程的国际内容、与培训和研究有关的学者和学生的国际流动、国际技术援助与合作计划这三个要素。"①

日本学者喜多村和之教授 1986 年在"亚洲高等教育国际化讨论会"上指出,国际化就是本国文化被别国和别的民族承认、接受并给予相当的评价,在国际社会具有一定的通用性;国际化确立能够活跃不同国籍、不同民族的学者、文化间的交际、交流、交换的章程与制度;在国际化进程中,人们像对待本国人一样对待拥有不同文化背景的异国个人与组织。②

联合国教科文组织所属的国际大学联合会对高等教育国际化给出的定义是:"高等教育国际化是把跨国界和跨文化的视点和氛围的大学的教学、科学研究和社会服务等主要功能相结合的过程,这是一个包罗万象的过程,既有学校内部的变化,又有学校外部的变化;既有自上而下的变化,又有自下而上的变化,还有学校自身的政策导向的变化。"③

就国内而言,在我国学者顾明远主编的《教育大辞典·第三卷》中,高等教育国际化的定义是:"各国高等教育在面向国内的基础上面向世界的一种发展趋势。主要表现:(1)加强外语教学,大量增设有关国际问题的课程、专业和系科;(2)进行广泛的人员国际交流;(3)进行教育和学术的跨国合作。"④

陈学飞考察了中外学者对高等教育国际化的定义之后,总结出四种界定高等教育国际化的角度或方法。第一种是"活动说",即从各种各样的具体活动出发来描述高等教育国际化,这些活动主要包括课程的改革、人员的国际交流、技术援助、合作研究等。第二种是"能力说",从培养与发展学生、教师和其他雇员的态度、新技能等角度来界定国际化,它侧重的是人的发展,而不是学术活动或组织管理等方面。第三种是"精神气质说",它强调在那些注重和支持跨文化的、国际化的观点的大学或学院中,形成国际化的精神气质与文化氛围。第四种是"过程说",强调把国际化看作一个将国际的维度或观念融入高等学校的各主要功能之中的过程,"注入""整合""渗透"

---

① 陈学飞.高等教育国际化——从历史到理论到策略[J].上海高教研究,1997(11):57—61.

② 刘佳.论高等教育国际化进程中的教育资源流动[J].现代远距离教育,2006(2):12—14.

③ 刘道玉.大学教育国际化的选择与对策[J].高等教育研究,2007(4):6—10.

④ 顾明远.教育大辞典:第三卷[Z].上海:上海教育出版社,1991:11—12.

"结合"等词经常被用来描述这种方法的特征。①

综观国内外学者对高等教育国际化概念、内涵的研究,本书将高等教育国际化界定为:在全球化的大背景下,一国的高等教育在基于本国国情的基础之上,以多样化的国际交流与合作为载体,在借鉴、吸收他国先进教育资源的同时,向他国输出本国优秀教育资源,从而实现提升本国高等教育质量、培养高质量的国际人才、增强本国高等教育的世界影响力等目标的动态过程。

2. 国际化与全球化

国际化与全球化是两个密切相关的术语。当人们谈及国际化的问题时,往往从经济全球化的宏观背景出发,认为正是经济全球化才使国际化的问题逐渐凸显。其实,这两个概念是有区别的。

首先,全球化多用于经济领域和社会环境范畴,而国际化则多见于教育领域以及与企业竞争战略相关的领域。

其次,两者的目标不同。全球化强调在世界范围内建立一种超越国家和区域限制,排除政治与文化差异的统一标准,其目标是世界的统一化或一元化。而国际化则主要表现为国家之间的交流与借鉴,其最终目标并不是在世界范围内建立统一的模式或者一元化的世界,而是以主权国家或不同文化的并存作为前提。随着国际化进程的不断加快,国际化很可能超越国家范畴,进入区域化发展阶段,进而达到全球化的水平。

3. 国际化与本土化

对于本土化,国内学者已展开过集中讨论。

项贤明认为本土化概念带有后殖民主义的烙印,是在西方文化尤其是美国强势文化主导下的一种产物,是将所谓的西方先进模式套用于中国社会。② 据此他提出不应本土化,而应"本土生长"。

李庆霞认为本土化就是一种保护本土文化的存在,以避免本土文化遭受其他文化威胁的过程。③

---

① 陈学飞.高等教育国际化——从历史到理论到策略[J].上海高教研究,1997(11):57—61.

② 项贤明.比较教育学的文化逻辑[M].哈尔滨:黑龙江教育出版社,2000:39.

③ 李庆霞.全球化视域中的文化本土化研究[J].社会科学战线,2007(1):44—46.

藏玲玲认为本土化并不意味着故步自封，而是一种积极吸收先进的外来文化，并依据自身的特点和需要，将其转化为自身发展所需养分和能量的过程。①

黄进和胡甲刚对本土化的丰富内涵进行了深入挖掘，认为本土化包含国家化、民族化和地区化三个层次，涉及传承、弘扬、创新本国与本民族以及本地区的传统文化，适应国情、民情和区情，为本国、本民族、本地区的经济和社会发展服务三个方面的内容。②

国际化与本土化在内容、倾向、着力点等方面都有各自的场域和范畴。国际化与本土化的区别主要表现在：国际化的重点在于对国际化进程所包含内容的理解，如国际理念、国际制度等；本土化的重点则在于对本土化结构的把握。

就高等职业教育而言，国际化的重点是校企之间的国际合作、开展国际培训、颁发国际职业资格证书、举办国际职业技能大赛，辅以多元的校园文化氛围营造等内容；本土化的重点则在于将国际交流与合作落到实处。因此，本土化是一个选择性引进、改造式吸收与生发性创造的复杂过程。作为国际化的落脚点，本土化不等同于民族性，即不是向本土文化和传统教育思想的回归；也不等同于本土性，即不是一味强调坚守本土文化阵地；更不等同于全盘移植，即不是一味照搬照抄。

（二）高等职业教育国际化的内涵

首先，高等职业教育国际化是经济全球化的重要组成部分。如前所述，随着国际化进程的加快，国际化可能超越国家的范畴，在进入区域化发展阶段之后达到全球化水平。全球化已逐渐把高等学校变成全球物质、社会经济与文化网络的移动点。在此背景下，高等职业教育作为我国改革开放之后出现的高等教育新类型，也必然受到全球化的影响与冲击，全球化的宏观背景将成为讨论高等职业教育国际化问题的重要基础。

其次，高等职业教育国际化是高等教育国际化的特殊形式。1993 年，加

---

① 藏玲玲.我国高等教育本土化研究述评[J].现代教育管理,2013(3):12—15.

② 黄进,胡甲刚.国际化·现代化·本土化——新世纪高等学校的办学方向[J].国家教育行政学院学报,2003(1):66—71

拿大比较高等教育领域的知名学者简·奈特(Jane Knight)指出,"高等教育国际化是一个过程,在此过程中,国际维度被整合到高等学校的教学、科研和服务等多种活动中,其中,国际维度主要指的是国际的、跨文化的、全球的观念"①。高等职业院校主要是地方性、应用型高等院校,它具有高等教育和职业教育的双重属性,培养生产、建设、服务、管理第一线的高端技能型人才是它的主要任务,积极为地方经济、社会发展服务是它的重要功能。在国际的、跨文化的、全球的观念之下,高等职业院校所培养的人才已不再是传统意义上的应用型人才,而是通过国际化课程所培养的具有全球视野的高端技能型人才,这样的人才不仅能适应国家现代化建设的需要,而且能适应国际竞争的需要。

最后,高等职业教育国际化凝聚了高端技能型人才培养的目标。对高深知识致用性、实践性以及对专业技能高端性、职业性的追求构成了高等职业教育国际化的内在动力,基于此,高等职业教育国际化应当是一个凝聚高端技能型人才培养的时代目标,学习与借鉴国际先进的高等职业教育理念,积极开发经济社会发展需要的高等职业教育资源,搭建国际化的高等职业教育课程平台体系,促进高等职业院校可持续发展的动态过程,同时这也是一个积极探索国际化办学模式、办学机制的实践过程。

一般认为,高等教育国际化是基于人们对知识普遍性的跨国认同。高等职业教育是以技术和应用为核心的高等教育类型。相对于知识而言,技术在国家之间,甚至在世界范围之内,更容易获得普遍认同。高等职业院校国际化是在经济全球化的大背景下,各个主权国家在高级技术应用型教育方面相互交流和借鉴的过程,同时也是高等职业教育面向世界的办学过程,其核心在于高等职业院校依据国际公认的课程标准,运用科学合理的教学手段,培养具有国际交往能力、国际视野和国际竞争力的高素质人才,培养具有创新能力和实践能力的技术型人才。因此,高等职业教育与高等教育一样,也具有国际化的属性和禀赋,高等职业院校完全可以在高等教育国际化的潮流中发挥更大的作用。

---

① 陈学飞.高等教育国际化:跨世纪的大趋势[M].福州:福建教育出版社,2002:4.

二、高等职业教育国际化的本质

国外高等职业教育国际化经历了从谋求政治控制到追逐经济利益的转变过程。不少国家投身高等职业教育国际化洪流的根本动因是利益考量，"不管以什么名义、由谁实施或者发生在机构的哪个部分，总之大学正在进入市场"[①]。市场的力量或者说经济效益已经成为高等职业院校生存与发展的重要影响因素。经济目标的明确性和效率性充分调动、激发了办学者的智慧和能力，也推动了高等职业教育国际化的发展。较之于其他因素，经济因素已然成为高等教育国际化最重要的动因。"最近几十年，虽然政治、文化、学术动因推动了高等教育的国际化，但是经济动因正日益增强。这不仅表现在高等院校从国际活动中创收，而且也体现在国家的重大经济决策中。"[②]早在 21 世纪初期，澳大利亚、新西兰和美国的教育服务贸易规模已经分别成为其第三、第四和第五大出口产业，教育出口值在其服务贸易出口总值中所占的百分比分别为 11.8％、4.9％和 3.5％。[③]

高等职业教育国际化就其本质而言，是一国的教育管理与实施机构按照本国国情发展高等职业教育的同时，积极通过各种形式的国际交流与合作，让本国高等职业教育融入、参与国际竞争与合作，从而使高等职业教育资源按照市场规则在不同国家之间进行合理流动，在适应国际准则和惯例的基础之上，实现高等职业教育资源的优化配置，从而提升本国高等职业教育的质量及其在世界上的竞争力和影响力。当然，在高等职业教育国际化进程中，西方发达国家和广大发展中国家的出发点是不一致的。前者更多的是为了寻求经济利益和赚取外汇，而后者更多的是期望通过高等职业教育国际化提升本国高等职业教育的质量，培养适合本国发展需要的国际化人才。两者目的的不一致性使国际化和本土化的矛盾在发展中国家显得尤为突出。

---

① ［美］大卫·科伯. 高等教育市场化的底线［M］. 晓征，译. 北京：北京大学出版社，2008：1.

② Van der Wende M. Internationalization policies：about new trends and contrasting paradigms［J］. Higher Education Policy，2001(14)：249-259.

③ 杨旭辉. 高等职业教育国际化：内涵、标准与策略［J］. 中国高教研究，2006(12)：64—65.

第二节　高等职业教育国际化的必然性

高等职业教育国际化有其必然性:首先,高等职业教育国际化是适应经济全球化的需要;其次,高等职业教育国际化是应对高等教育国际化的需要;再次,高等职业教育国际化有利于高等职业教育的发展;最后,高等职业教育国际化有助于国家教育战略部署的落实。

一、适应经济全球化的需要

经济全球化是一个必然的历史过程,从 19 世纪的工业革命开始,社会化大生产就出现了经济全球化的雏形。第二次世界大战之后,美国以及欧洲的一些发达国家,经济快速发展,资本高度膨胀,它们在全球范围内寻找新市场的欲望也随之增加。尤其是在 20 世纪下半叶,信息技术在全球经济发展和资源配置中起到了至关重要的推动作用。作为一种新兴的生产要素,信息技术彻底摆脱了国界的限制而在全球范围内实现了自由流动,并成为经济全球化的重要前提与基础。"经济全球化是以全球市场化为目标,以全球信息为条件,使世界各国在市场和生产上的相互依存度日益加深,全球化推动了人力、资金、商品、服务、知识、技术和信息等实现跨国界的流动,促进了各种生产要素和资源的优化配置。"[①]

诚然,经济全球化的主要特征是生产国际化、资本国际化、贸易自由化和金融自由化,但其并不仅限于经济领域的国际化,经济全球化必然带来政治、文化、教育领域的相互渗透与影响。从经济视角来看,在一体化的全球大市场内,资本、物资、信息、人才等生产要素都可以自由流动,跨国公司的数量不断增加。跨国公司的快速发展推动了人才国际化。跨国公司成为世界生产的主要组织者,其跨国经营的分支机构在不同区域内持续扩张,此过程急需大量高素质的人才。这些人才既要把握跨国公司的经营理念与企业文化,同时也要了解目标国的政治、经济、文化特征。

---

① 杨德广.经济全球化与教育国际化[J].中国高教研究,2002(3):25—27.

一方面,伴随着我国加入世界贸易组织,在世界经济发展的生态圈中,我国经济与其他国家经济的依存关系也逐步强化,国际标准和惯例将成为我国经济运行和发展的总规则。若要在短期内赶超先进国家,我国必须抓住技术突破口和抢占制高点,这需要大量高素质的具有创新能力的人才作支撑。以现代服务业为例,目前国内五星级酒店多数由国外的酒店管理公司经营管理,相当多的总经理为外国人,甚至有些酒店的中层干部会议使用的语言为英语。高等职业院校若对这种状况视而不见,其培养的学生在中高端技能型人才市场竞争中很可能处于劣势地位。

另一方面,国内一批有实力的现代制造、服务、贸易企业开始走出国门,寻找新的市场和发展机遇,这些企业几乎都遇到了同样的难题,即很难找到懂外语、掌握相关技术以及有国外工作经历、熟悉国外法律和习俗的职业经理人。高等职业院校若不能培养此类人才,我国现代制造、服务、贸易企业在国外的发展将因人才匮乏而步履维艰。因此,我国的高等职业院校必须未雨绸缪,紧跟经济全球化的趋势,及时调整办学策略和培养方案。

二、应对高等教育国际化的需要

针对世界范围内的高等教育问题,联合国教科文组织多次召开会议、发布报告等,从而为不同国家在高等教育领域的交流与合作搭建了平台,并直接促进了高等教育的国际化。1996年,国际21世纪教育委员会向联合国教科文组织提交了题为《学习——财富蕴藏其中》的报告,其中明确指出:"高等教育机构拥有利用国际化来填补'知识空白'和丰富各国人民之间和各种文化之间对话的很大优势。同一学科的科学工作者之间的合作正式跨越国界,成为研究工作、技术、态度和活动国际化的一个强有力的工具。"[①]

高等教育国际化具有诸多益处,已成为一种不可逆转的趋势。然而,高等教育国际化在发达国家和发展中国家表现出明显的差异。与欧美发达国家在高等教育国际化进程中过分追求经济效益或商业利润相比,多数发展中国家更加重视通过高等教育国际化提升本国的教学和研究水平,进而提高国家的整体实力。但是总体而言,加强人员国际交流、实现课程国际化、

---

① 周川.简明高等教育学[M].南京:河海大学出版社,2002:165.

培养国际化人才、提高学校国际竞争能力等,逐渐成为各国高等教育国际化的主导方向。如欧盟国家于 20 世纪 80 年代开始实施的"伊拉斯谟计划"、1995 年批准的"苏格拉底计划"以及 1999 年发表的《波隆亚宣言》等,无不着眼于建立欧洲统一的经济框架,通过欧盟各国间的人员交流,课程、学分、文凭以及学术资格等的相互认证,建立相互开放的高等教育体制,促进欧盟劳动力市场的形成,增加欧盟各国在全球经济竞争中的实力。[①]

与此同时,不少国家与地区通过大量招收自费留学生、开设海外分校或者合作办学等方式扩大财源。发展中国家一部分学业成绩优秀或家庭富裕的学生,为寻求更优质的教育资源和更多的教育机会,纷纷选择出国留学。根据美国国际教育研究所(Institute of International Education,IIE)统计制作的《2012 门户开放报告》,2011—2012 学年,在美国高校就读的国外学生达到 764795 人,比上一学年增长了 6%;在 25 个生源国中,来自中国的留学生数量显著增加,占比达到了 23%。近十年来,美国、英国、加拿大、澳大利亚、韩国、法国等因其高等教育资源过剩而采取各种方式到发展中国家招收学生,争夺生源。这无疑会对发展中国家的高等教育带来严峻挑战,如不采取应对措施,我国高校将失去部分生源,其他与之相关的资源也会流失。

三、高等职业教育发展的需要

作为高等教育的重要组成部分,高等职业教育同样肩负着传承人类优秀文化、发展科学技术、推动社会进步的使命。高等职业院校只有不断向国际社会开放,创造条件吸收外国留学生和外籍教师,同时通过各种途径让本国教师走出国门进修深造,尽可能地借鉴国外优秀高等职业院校的办学经验,取长补短,才能逐步提升办学水平,提高国际声誉。国际化水平已经成为衡量高等职业教育质量的一个重要指标。因此,在高等职业教育的发展战略规划中,国际化已经成为一个关键要素。

自 1999 年扩招以来,我国高等职业教育的发展速度与规模扩充速度之快是有目共睹的。高等职业教育的快速发展在一定程度上满足了经济发展对较高层次技术应用型人才的需求,从而实现了高等职业教育的跨越式发

---

① 玄成贵.高等职业教育国际化人才培养战略研究[D].天津:天津大学,2009:4—7.

展。然而,在繁荣发展的表象背后,我国的高等职业教育也面临着诸多困难。总体而言,这些困难可以归纳为"五少":社会认同少、法律明细少、政府作为少、办学特色少、就业出路少。这些问题已经严重影响了我国高等职业教育的发展。总而言之,较之传统大学,高等职业院校不仅办学历史较短,而且文化积淀较浅、核心办学理念尚未真正形成。但是对于高等职业院校而言,完全可以化不利为有利,因为高等职业院校更容易摆脱本土传统办学思想的束缚。高等职业院校可以通过合理吸收国际化的办学理念,根据国内外社会发展和产业结构升级的需求,创新人才培养模式,合理设置专业和调整人才培养方案,面向全球培养具有国际交往能力和国际竞争能力的高端技能型人才,从而在国际化进程中获得更大的发展空间。

高等职业教育国际化是高等职业教育持续发展的内在动力,可以促使我国的高等职业院校在教育理念、培养模式、课程设置等方面依据国际标准和要求进行调整与改革。目前,世界各国都在逐步调整本国的高等职业教育发展战略,积极通过国际交流与合作、扩大留学生规模、建立海外分校等方式走国际化道路。我国应主动融入高等职业教育国际化发展的浪潮之中,借鉴发达国家的成功办学经验,以此促进我国高等职业教育的可持续发展。

四、落实国家教育战略部署的需要

国以人兴,政以才治。人是生产力中最活跃的因素,人力资源是第一资源。人才历来是一个国家经济和社会发展最重要的战略资源,是决定一个国家兴衰存亡的关键。世界各国都非常重视人才开发,尤其注重国际化人才的培养。

日本在20世纪80年代提出了"要培养世界通用的21世纪日本人"的教育战略目标:"只有做一个出色的国际人,才能做一个出色的日本人,在国际社会中要想生存下去,除了牢固掌握日本文化外,还应该对各国文化和传统加深理解。"日本在教育国际化战略中提出了具体的培养目标,要求学生"懂技术、通外语、会经营管理,具有较强的国际意识,通晓国际贸易、金融、法律知识,能够适应国外工作和生活环境"①。

美国在 20 世纪 90 年代初制定了《美国 2000 年教育目标法》(*Goals 2000:Educate America Act*,GEAA),强调教育国际化的战略部署,明确了培养目标,提出采用"面貌新、与众不同的方法使每个学生都能达到知识的世界级标准"②。即通过国际交流,努力增强学生的全球化意识和国际化观念。

加拿大国际教育署于 20 世纪 90 年代在《没有国界和边界的教育》报告中要求国内各大学把国际化作为组织目标之一,并要求制定相关政策来推进和保障国际化进程。

在我国,2002 年,中共中央办公厅、国务院办公厅印发《2002—2005 年全国人才队伍建设规划纲要》,要求大力实施"人才强国"战略,"抓住机遇,迎接挑战,走人才强国之路,是增强我国综合国力和国际竞争力,实现中华民族伟大复兴的战略选择"。

2003 年,在北京召开的首次全国人才工作会议对"人才强国"战略的实施进行了全面部署,并且通过了《中共中央、国务院关于进一步加强人才工作的决定》,进一步强调人才问题是关系党和国家事业发展的关键问题,新世纪新阶段人才工作的根本任务是实施"人才强国"战略,并特别指出:"努力造就数以亿计的高素质劳动者、数以千万计的专门人才和一大批拔尖创新人才,建设规模宏大、结构合理、素质较高的人才队伍,开创人才辈出、人尽其才的新局面,把我国由人口大国转化为人才资源强国,大力提升国家核心竞争力和综合国力,完成全面建设小康社会的历史任务,实现中华民族的伟大复兴。"

2006 年,在中共中央政治局第三十四次集体学习会上,胡锦涛同志再次强调,必须坚定不移地实施"科教兴国"战略和"人才强国"战略,切实把教育摆在优先发展的战略地位,推动我国教育事业全面协调可持续发展,努力把

---

① 李春红.高等职业教育人才培养国际化目标模式的探讨[J].教育理论与实践,2005(10):27—29.

② 张华英.人才国际化与国际化人才培养[J].福建农林大学学报(哲学社会科学版),2003(6):81—83.

我国建设成为人力资源强国,为全面建设小康社会、实现中华民族的伟大复兴提供强有力的人才和人力资源保障。

"科教兴国"战略和"人才强国"战略体现了我国对生产力中人的要素的高度重视,而高等职业教育国际化则是我国实施"科教兴国"战略和"人才强国"战略部署的重要举措,也是我国自强于世界民族之林的重要保障。

第三节 高等职业教育国际化的标准

高等职业教育国际化的标准主要有七个:高等职业教育理念国际化、人才培养目标国际化、课程国际化、高等职业教育资源国际共享、学术交流与合作研究国际化、人员国际交流、实验实训国际化。

一、高等职业教育理念国际化

理念是行动的先导。只有实现了高等职业教育理念国际化,高等职业院校才能走出一条成功的国际化道路。高等职业教育理念国际化意味着用国际化的视野来认识和理解高等职业教育的本质和作用,明晰秉持高等职业教育国际化的理念是高等职业院校实施高等职业教育国际化战略的重要前提。1983 年,邓小平同志给景山学校题词"教育要面向现代化、面向世界、面向未来",这实际上就体现了我国教育国际化的一个基本理念,即教育要"面向现代化"就必须"面向世界"。尽管高等职业教育已经取得了诸多令世人刮目相看的成就,但是由于我国高等职业教育的办学时间并不长,目前尚存在一些不足之处。较之发达国家高等职业教育上百年的历史和丰富的办学经验,我国的高等职业院校应当虚心学习他国之长,主动迎接教育国际化的挑战,加强国际交流与合作。

战略国际化是理念国际化的集中体现。为了拓宽自身的发展空间和提升自身的竞争力,高等职业院校应当有计划地推进教育国际化并据此打造自身的个性、魅力和特色,在吸引国际留学生的同时扩大中华文化的世界影响力。具体而言,为了制定明晰的国际化理念,高等职业院校应当进一步明确自身的优势领域和强势资源,从全球视角出发,探寻适合自身发展的国际化道路。对于高等职业院校的领导层而言,必须从长远的角度和国家服务贸易的高度审视办学实践,思考如何合理利用国际资源来服务学校的科学发展;对于高等职业院校的一线教师而言,必须努力把握世界范围内有关本学科、本专业的最新动态和学术成果;对于高等职业院校的学生而言,必须认识到就业竞争已具有国际性,必须树立国际化的就业观念,掌握处理国际事务的各项能力。

二、人才培养目标国际化

人才培养目标规定了人才培养的基本维度与质量,决定了人才培养的方向与层次。高等职业教育国际化的根本目的在于培养国际化人才,使他们不仅能够适应经济全球化和信息社会的发展需要,而且能够成为有责任感的高素质公民。因此,应当根据学生国际化职业发展的需要设计相应的能力、素质培养框架。高等职业教育国际化是为了培养高端技能型专门人才,这样的人才既需要基本操作技能的支撑,又需要高级专业技能的支撑。

国际化人才应该具有的基本素质包括:具有全球化视野;掌握国际最新、最先进的知识、技术与信息动态;具有较强的创新能力及国际竞争能力;熟悉国际规则;熟悉多元文化,具有良好的跨文化沟通能力及国际交流与合作能力;具有在海外学习、培训进修及在跨国公司多年工作的经验等。[①] 为了增进学生对不同文化的了解和认同,首先,应当着重培养学生的国际视野和综合素质,使学生能够深刻理解多元文化,从国际社会和全人类的视角看问题。其次,高等职业院校还应当使学生树立参与国际竞争的意识,并重点培养学生的外语应用能力,跨文化交际能力,创新、创业与就业能力,以及在国际化和多元化社会生存的能力。

目前,我国诸多企业都加大了在全球高端市场的投入,希望通过进一步突破技术瓶颈,实现从"中国制造"到"中国创造"的跨越,创造更多的"中国研发""中国设计""中国服务"和"中国品牌"。对照现实的差距,我们缺乏的是创新的人才、创新的机制、创新的精神。与此同时,我们实施"走出去"战略,也需要大量外向型人才。因此,我国的高等职业教育在人才培养方面必

---

　① 徐国祥,马俊玲,于颖.人才国际化指标体系及其比较研究[J].上海财经大学学报,2006(3):85—90.

须与国际惯例接轨,按照参与国际竞争的标准设置人才培养目标,使高等职业院校培养的人才不仅能在国内大展宏图,而且能在国际上大显身手。这是我国高等职业院校共同努力的方向。

三、课程国际化

作为高等教育国际化的重要组成部分,课程国际化是指把国际的、跨文化的知识与观念融入课程之中,通过课程内容、课程结构、课程管理、教材建设、外语教学等各种形式,培养出具有国际观念、国际视野和技能的国际性人才的动态发展过程。①

课程的国际化,不仅要求高等职业院校开设更多关于其他国家和国际问题的课程,而且要求在课程内容上尽可能国际化,在重视知识结构的发展变化、科学构建国际对话和合作规则的同时,合理运用教学技术,建立可以进行国际比较的课程评估标准,尽可能使教学技术、教学方法和教学评估等与国际社会接轨。

目前,国外有许多优质的高等职业教育课程值得我国学习和借鉴,我国的高等职业院校可以深入研究国内外不同行业的用人标准,并据此分析相关专业的人才素质、知识结构及技能标准,从而引进或开发相应的课程。比如:广东农工商职业技术学院与英国爱德思(Edexcel)国家职业学历与学术考试机构合作,开发了 BTEC(Business & Technology Education Council)课程,根据该课程标准,学生修完规定课程并通过考试之后,将得到具有国际水准的 BTEC 证书文凭,这意味着学习者已经完成了英国大学二年级的课程,且不论学习者是在英国本土还是在海外,都可以选择就业或者申请进入英国大学学习一年获得学士学位。

在高等职业教育课程国际化过程中,有两个问题需要特别关注。

第一,高等职业院校应区别对待不同类别的国际化课程。比如,高等职业院校可以在公共基础、文化知识等课程模块中增加国际化课程的比例,通过让学生选修诸如国际经济、国际贸易、国际关系等学期制课程,或者选修有关外国历史、地理、宗教、文化习俗介绍等周时制课程,培养相应的国际理

---

① 李盛兵.大学国际化评价指标体系初探[J].华南师范大学学报(社会科学版),2005(6):113—116.

念,提高国际交往能力。

第二,为了使高等职业教育更加贴近企业、行业最新的要求,课程建设中要关注相关重大课题和前沿问题的研究,要结合国内外企业行业的用人标准,在教学内容中及时补充国内外最先进的教学科研成果,并据此强化学生的独立思考能力、信息处理能力、跨学科知识运用能力、专业知识应用能力。值得注意的是,课程的国际化、普遍化绝不是全盘西化,而是借鉴适合本国高等职业教育的学时学制、课程设置、教学理念。各个国家应当积极寻求与他国名校合作的方式,特别是要合理利用国外优质课程资源,使学生不出国门便可学习一流的国际化课程。

四、高等职业教育资源国际共享

高等职业教育资源的国际共享是指不同国家的高等职业院校通过教师互聘、学分互认、课程开放、图书馆和实验实训基地共同使用等方式实现教育教学设施及相关资源的共享。随着高等职业教育国际化的推进,在全球范围内公开教学资源这种做法已被各个国家的高等职业教育资源所有者纳入议事日程。高等职业教育资源国际共享包括无偿共享和有偿共享两种模式。无偿共享的高等职业教育资源是针对一些相对简单的、投入成本较低的公益性高等职业教育资源或者体验性高等职业教育资源而言的。有偿共享的高等职业教育资源本质上并没有脱离商品交换的范畴,资源的配置、开发与利用需要相应的市场机制,这有助于保证高等职业教育资源共享的质量和效果。

由于高等职业教育资源具有稀缺性,如何在全球范围内实现高等职业教育资源的共享已成为高等职业教育资源配置的重要议题。伯顿·R.克拉克指出:"试图通过自上而下的监督、规划和管理等手段在系统的大部分范围内保证质量的做法几乎是于事无补的,甚至是自讨没趣的。"①因此,通过高等职业教育资源市场化管理与经营的方式保证各方主体的利益,是高等职业教育资源国际共享的关键。

---

① ［英］伯顿·R.克拉克.高等教育系统——学术组织的跨国研究[M].王承绪,等译.杭州:杭州大学出版社,1994:228.

五、学术交流与合作研究国际化

早在 20 世纪 90 年代,联合国教科文组织就在《关于高等教育的变革与发展的政策文件》中指出:"国际合作是世界学术界的共同目标,而且还是确保高等教育机构的性质和效果所不可或缺的条件。高等教育已在知识的发展、转让和分享方面发挥了重要作用,学术上的国际合作应为全面开发人类的潜力做出贡献。"科学无国界,学术研究归根结底属于全人类的共同工作。在浩淼的科研海洋之中,任何一个民族、一个国家都难以仅仅依靠自身的能力全面掌握先进的科技知识,唯有通过世界范围内的交流与合作,才能跟上科技发展的步伐。正如美国的伯恩教授所言:"一个学科如果只体现本国的经验,而排斥他国的经验,就是欺骗学生和反映一种愚蠢的沙文主义。"①作为获取他国经验的重要途径,学术交流与合作研究可以大幅提升高等职业教育国际化的成效。

高等职业院校国际学术交流是吸收世界先进科学技术和管理经验,提高教学质量和科研水平,加强实验实训基地建设的重要措施。其方式主要包括校际交流、学术人员交流、举办或参加国际会议等。国际学术交流有利于高等职业院校学习、借鉴他国在高等职业教育发展方面的前沿理论和经验,同时有利于推动全球范围内高等职业教育的对话与合作。

以应用为导向的科研活动是高等职业院校服务社会、提高学术声誉的重要途径。一般根据科研活动的基本构成要素和国外科研国际化的实践来衡量高等职业院校国际合作研究水平,如科研课题组成员的国际化、研究经费获得的国际化、研究资源的国际化、科研成果发表与应用的国际化以及与跨国公司就某些重大国际性问题联合开展的攻关项目等。

六、人员国际交流

人员国际交流是国际交流中最活跃、最基本的方面,主要包括教师的国际交流和学生的国际交流。

教师的国际交流是高等职业院校建立具有国际意识的高素质教师队伍的重要途径之一。教师的国际交流有助于提高教师的外语交流能力,推动

---

① 贺继明.高职教育国际化发展战略的探析[J].教育与职业,2009(5):26—28.

教师的教学、科研向国际化方向发展,进而提升教学和科研的质量与水平。除此之外,它还有助于教师所在学校重点专业、特色专业和核心课程的建设与发展。高等职业院校可以与国外高等职业院校结成友好学校,通过签订教师交流学习互访协议、教师交换和联合教学等形式探索教师国际交流与培训的新模式。具体而言,高等职业院校教师的国际交流有两种途径:一是"请进来",即通过聘请外籍专家任教、讲学等方式使其参与高等职业院校的教育管理和学术交流。二是"走出去",即通过有计划地派遣教师到国外进修、考察、访学等方式,使其了解和学习国际先进的高等职业教育理念、方法和模式。

学生的国际交流主要包括两方面的内容:一是招收外国学生,二是本国学生前往他国就读。前者是为了拓宽国际教育市场,在全球范围内选择优秀生源,以扩大学校的国际知名度;后者则是为了充分利用他国的教育资源为本国人才培养服务。学生的国际交流有利于各国学生的相互学习,学习者可以获得相应的语言能力和文化经验。除此之外,它还有利于扩展课程内容的国际维度和开展跨文化的研究与讨论。但是从现实的角度来看,学生的国际交流对发达国家和发展中国家的意义却大不相同。对于发达国家而言,学生国际交流的价值在于吸收国际人才,并由此带来经济收益。而对于发展中国家而言,学生国际交流的价值在于缩小发展中国家与发达国家之间知识和技能的差距。

七、实验实训国际化

高等职业院校的实验实训基地在高等职业教育国际化进程中扮演着不可替代的重要角色。实验实训的国际化首先要求实验实训基地在建设过程中善于吸收国外先进的管理经验和科学方法,加强项目建设和管理。与此同时,实验实训国际化还倡导通过合作办学或者项目合作的方式吸引资金和引进设备。国内一些高等职业院校已经在这方面进行了有益的尝试,比如:山东日照职业技术学院曾开创了向国外(奥地利)政府贷款,引进先进设备,建设一流实验实训基地的先河。该校还与韩国现代汽车集团合作,筹建了现代汽车学院，并获得了大量教学设备捐赠。[①]

实验实训国际化一方面有助于高等职业院校实验实训基地项目建设的管理模式从封闭化的自建自管走向权责关系明晰、资源配备优化的合作共建和科学管理；另一方面，实验实训国际化鼓励高等职业院校通过实施"走出去"战略，加强和国外教育界、工商界的合作，并适时建立海外实习实训基地。因此，它还有助于高等职业院校通过国内培养、国外实训等方式，为学生提供基于国际化的实验实训、顶岗实习、工作留学、访学交流等平台。比如：广西英华国际职业学院曾与中国对外友好协会、美国教育资源发展基金会等机构合作，组织开展了赴美带薪社会实践合作项目，从而为更多学生赴美参加美国政府指定交流项目创造了机会，使学生进入美国企业，收获从基础实践到专业实习等丰富多彩的海外工作生活经验，不仅拓宽了学生的视野，增强了学生创业、就业综合竞争力，而且获得了美国企业的好评，提升了学校的社会美誉度。[②]

目前，面向高等职业院校的国际化实训实习项目主要包括为期一年的专业实习、为期三个月的社会实践或为期一个月的社会调研，部分国家允许学生在实习期间参加所在国的高校入学考试，这也为学生在国外留学深造以及寻找工作提供了诸多机会。

第四节　高等职业教育国际化的路径选择

高等职业教育国际化的路径选择既涉及理念、文化等层面，又涉及师资建设、服务保障等层面，还涉及专业课程建设、人才培养模式等层面。具体而言，主要包括以下六个方面：一是拓宽国际视野，树立国际化的高等职业教育理念；二是推进文化认同教育，建设丰富多样的校园文化；三是提升国际教学能力，组建国际化的专业师资团队；四是完善服务型保障机制，确保

①　黄华.高职院校开展国际交流与合作的战略分析[J].职业技术教育,2011(22):45—48.
②　李德正.对高职院校实现教育国际化改革的初探——以广西英华国际职业学院为例[J].太原城市职业技术学院学报,2012(2):24—26.

高等职业教育国际化有序推进;五是专注专业和课程建设,打造国际化品牌专业和优质课程;六是依托国际项目和跨国企业,改进人才培养模式。

一、拓宽国际视野,树立国际化的高等职业教育理念

在谈及高等职业教育国际化时,不少学者都聚焦于国际化的显性特征,即引进的合作项目、留学生人数和优秀师资力量等指标。诚然,这些指标反映了一国高等职业教育国际化的程度和质量,但学者们也不能因此忽视国际化的隐性特征,即高等职业教育国际化的理念。这是一种基于国情、区情和行业特色,从全球的视野来审视本国高等职业教育的价值,从高等职业教育全球化的发展趋势来审视自身发展和未来规划,培养具有国际交流、理解、合作和竞争能力的高端技能型人才的理念。

目前,诸多国家的高等职业院校缺乏国际合作与竞争意识。针对该状况,拓宽国际视野,树立国际化的高等职业教育理念势在必行。树立国际化的教育理念,体现在教学、科研及管理等诸多方面。高等职业院校应充分认识和重视国际和国内两个市场,在办学理念方面,要紧跟世界先进教育理念,关注世界高等职业教育的发展趋势,借鉴各国优秀高等职业院校的教育经验;在教学方面,从"学"的角度审视"教",不断进行课程教学内容的创新与革新、教学方法与手段的改进、教学质量评估工具的优化;在应用研究方面,采用具有国际先进水平的研究方法,鼓励高等职业院校与国外开展合作研究;在管理与服务方面,借鉴国际高等职业教育先进的管理理念和服务理念,提高管理和服务水平。

树立国际化教育理念,首先应培育国际化意识。在正确认识本国高等职业教育国际化的使命及其作用的同时,还应该理解高等职业教育国际化是一个在结合本国国情的基础之上,对国际上的优秀科技文明成果进行吸收和借鉴,进而不断改革和优化本国高等职业教育的过程。它以本国的利益为基点,在世界范围内实现高等职业教育的双向平等融合。

其次,还应确定与经济发展、社会进步与人的全面发展相统一的高等职业教育价值观。高等职业院校在立足地方、以就业为导向、为社会经济发展服务的同时,还应高度关注学生的个性发展和创新能力。只有充分考虑了学生的可持续发展,才能培养具有较高素质、能够参与国际竞争的人才。

最后,树立国际化的教育观念应该着眼于国际化的人才观和高等职业教育质量观。高等职业院校应当确立应用性、开放性、创造性的人才观,因为这种人才观是面向现代化、面向世界、面向未来的,与高等职业教育国际化十分契合。在高等职业教育质量观方面,发展中国家应当结合本国实际,探索、借鉴并引进具有国际先进水平,能够得到多数国家认可的质量标准。高等职业教育质量标准的国际化有利于高等职业院校的国际交流与合作,使培养的学生具有在全球范围内就业的能力。[①]

二、推进文化认同教育,建设丰富多样的校园文化

高等职业教育国际化意味着高等职业院校将以更加开放和包容的态度对待丰富多元的文化,高等职业院校的管理人员、教师、学生不仅要在文化交融中习得欣赏和鉴别能力,还要坚定信念,承担起维护本民族文化的责任。国际化的校园是一个特殊的广场,校园内的每位成员都要提高对其他文化的认知能力和理解能力。为了培养具有国际交流能力、理解能力、合作能力和竞争能力的高端技能型人才,高等职业院校应有意识地积极营造多元化的校园氛围,推进文化认同教育,建设丰富多样的校园文化,使校园成为国际文化交流的窗口。

具体而言,高等职业院校要尽快营造国际化的校园文化氛围,从校园视觉识别载体如门牌、道路等各类标志到对外交流的宣传册、网站等,均应添加英文的整体设计与标识;加强对外宣传,建立英文版的学校网站,为其他国家了解本校情况提供便利;重点加强校园数字化建设,增加外文图书藏书数量,提供国际化的学习、办公、就餐和住宿场所;举办外语角、各类外语竞赛、国际商务礼仪大赛、才艺表演比赛、国际文化讲座、国际社会热点问题主题沙龙等活动,为校园国际文化建设搭建平台;承办国际高等职业教育会议等活动,拓展与国外同类院校、企业等不同机构之间的合作项目;鼓励学生赴海外游学和实习,积极开展国外留学生短期培训项目等。

三、提升国际教学能力,组建国际化的专业师资团队

组建一支具有多元文化背景和较强语言沟通能力,熟悉本专业国际发

---

① 陈保荣.我国高等职业教育国际化发展及对策研究[J].职教论坛,2012(1):15—18.

展趋势和国际化人才培养规律的优质教师队伍,是高等职业教育国际化水平提升的关键,这需要多方主体的共同努力。

就教育主管部门而言,首先应该从整个高等职业教育师资国际化建设的强烈需求出发,出台有关高等职业院校引进国外优质师资和派遣国内教师出国学习交流的政策,为高等职业院校引进优秀师资和实现教师的国际化交流提供制度保障。其次,应该加大对高等职业院校教师出国学习培训的资助力度,在中青年骨干教师出国资助项目中,高等职业院校的教师也应占据一定的比例。

就高等职业院校而言,首先要有计划地引进国际化高端人才,在世界范围内选择优质师资,重点聘请符合学校重点专业发展规划和发展特色的国际化教师;吸纳优秀留学归国人员,尤其是具有国外同类高等院校教育教学经验的师资,积极探索留学归国人才的招聘机制和柔性的人才引进途径;聘请行业企业的外籍专家来校任职,吸引国外知名专家学者以客座教授、访问学者等形式来校开展教学、学术讲座和合作研究,帮助学校发展,使教师结构呈现国际化的特征。其次,要通过有计划地建设海外教师培训基地、设立骨干教师海外交流专项经费、出台鼓励教师出国访学等相关政策措施,有计划、有步骤地选派重点课程教师和骨干教师出国培训、参与国际学术交流、国际项目合作研究等。再次,高等职业院校还应加强与教育主管部门和兄弟院校的联系,合理利用优秀教育培训机构及国际交流协会等组织提供的资源,搭建信息交流平台;通过交流与沟通,及时获取有效的国际化信息,在师生对外交流、外籍教师聘请、科研合作、中外合作办学等诸多方面实行校校合作、校企合作、校政合作和校地合作,共建共享国际化师资。[①]

四、完善服务型保障机制,确保高等职业教育国际化有序推进

具有前瞻性的战略定位、稳健务实的办学风格和完善的对外交流服务措施将直接推动高等职业院校在国际化道路上顺利前行,从而培养出高端技能型人才,将自身打造为具有国际声望和国际影响力的院校。目前,将国际化作为学校发展战略的高等职业院校逐渐增多,但这些院校大多缺乏切

---

① 刘兰平,李悠.知识经济与高职教育国际化发展策略[J].职业技术教育(教科版),2002(23):10—13.

实有效的服务型保障机制,相关的配套制度和措施也不够完善。诸多高等职业院校与国外高校签署的国际合作协议流于形式,有名无实,严重影响了高等职业教育国际化的持续健康发展。

有序推进高等职业教育国际化,高等职业院校需要建立服务型保障机制,提升服务与管理的国际化水平。首先,在高等职业教育国际化的初始阶段,高等职业院校应该成立高等职业教育国际化工作领导小组,其成员由学校主要领导组成,在配套制度的保障下有组织地开展规划工作,并确保有关措施的落实。其次,健全高等职业院校的硬件和软件设施,加大专项经费和资源的投入,尤其要重视信息化建设,为高等职业教育国际化提供良好的服务条件。比如:为国外来访者和教师安排好住宿与办公场所;建设数字化校园;单列若干与国际化研究相关的专项课题,鼓励教师积极开展国际化相关问题的研究;保障外籍专家专项经费、师资培训进修专项经费、外事交流活动专项经费等的及时到位;积极申请校外经费,申报各类政府资助项目,利用地方优势筹措资金,争取更多的校外资源。再次,完善服务学生型组织体系的建设,为学生的成长成才提供学习和生活方面的服务指导,为学生海外交流增设健康安全网页、紧急救助网页,为学生国外游学、学生社团活动提供资助。[①] 高等职业院校还可以借鉴国际高等职业教育先进的服务与管理理念、科学的决策程序和管理规则,提高学校管理水平,使之达到国际水准。

五、专注专业和课程建设,打造国际化品牌专业和优质课程

要实现国际化的人才培养目标,培养出具有较高素质和较强国际竞争力的人才,高等职业院校就必须提高专业和课程的建设水平,打造一批国际化品牌专业和国际化优质课程。在不断加强内涵建设的基础之上,高等职业院校只有建成一批具有国际影响力的品牌专业和优质课程,才能在世界高等职业教育领域占据一席之地。

就国际化品牌专业的建设而言,高等职业院校应该结合本国的特色与本校的实际情况,而且应该更加突出专业的应用性和实践性。以我国为例,高等职业教育国际化起步不久,所以应立足现实,在对国内外不同专业进行

---

① 胡忠喜.高职教育国际化探析[J].中国成人教育,2013(17):22—25.

比较研究的基础之上，找准自身优势，整合国际教育资源，引进国际教育质量认证标准和体系，对人才培养方案和品牌特色专业的国际化发展进行顶层设计。通过合作办学、交流等多种途径加快内涵式发展步伐，建设具有国际竞争力的高水平品牌特色专业，促进高等职业教育人才培养质量的整体提升。

　　就国际化优质课程的建设而言，高等职业院校应该根据所在区域、所在行业以及自身特色，有计划、分阶段地重点建设一批国际优质课程。其中，以提高国际交流沟通能力为目标的外语课程建设是基础。在双语或外语教学课程建设方面，应该着重引进包括中外合作办学学分互认课程在内的具有国际视野的、面向国外学生的专业课程，重点打造有关本国社会、经济、文化等方面的外语课程。囊括公民基础知识研习、道德养成、法律意识培养、科学与人文艺术熏陶的公民素质养成课程模块，以及囊括世界各国和各地区的宗教、政治、文化、经济等知识的公民素质养成课程模块，有利于引导学生尊重、包容和欣赏其他国家的文化，这应该是国际化优质课程建设的重点。为了培养满足国际劳务市场需求的高端技能人才，高等职业院校需要在借鉴和引进国际职业资格领域认证的先进课程的同时，还要打造一批行业核心课程。除此之外，高等职业院校还应鼓励教师开设一批由学术研究创新成果转化而来的校本讲座课程。课程国际化不仅能够为本校学生提供接受国际化教育的机会，而且可以增强高职院校对留学生的吸引力，同时这也标志着高职院校国际化发展进入实质性阶段。①

六、依托国际项目和跨国企业，改进人才培养模式

　　对外合作办学可以使高等职业院校在充分利用国外优质高等职业教育资源的基础之上丰富学校的人才培养模式，从而满足具有不同潜质的学生的发展需求。一方面，高等职业院校可以借助本国政府与国外政府的牵线搭桥开展相应的合作项目；另一方面，高等职业院校可以主动与国外优秀的院校联系，探讨与之合作办学的具体方案。高等职业院校应该本着高标准、宽领域、重学习借鉴的原则，在充分考察和深入了解对方院校办学水平的基

---

　　①　戴小红.高职院校教育国际化动因、内涵与路径选择[J].黑龙江高教研究，2012(6)：81—84.

础之上,基于共同的办学价值和理念,遴选出有利于本校发展的国外院校,开展多种形式的合作办学,形成学生交换交流、教师进修访问、国际学术交流、国际合作科研等的良性循环,进一步改进高等职业院校人才培养模式,推动学校建设和管理方式与国际接轨。

依托全球跨国企业开展国际化实训实习也是高等职业院校人才培养的重要方式。一方面,高等职业院校可以与本国国际化程度较高的企业建立合作关系。这些企业在国际竞争中积累了丰富的国际化经验,在国际上具有一定的地位和影响力。高等职业院校应该主动与这些企业合作,共同开展国际化实训实习项目,以提高本校学生适应不同企业文化的能力。另一方面,跨国企业到中国拓展市场需要大批本土化人才,高等职业院校可以调整实训实习方式,大量派遣实习生或毕业生进入这些企业实习或就业。借助这种模式,高职院校可以培养出更多具有国际就业能力的高端技能型人才。①

---

① 胡忠喜.高职教育国际化探析[J].中国成人教育,2013(17):22—25.

第二章　高等职业教育国际化的国外实践与启示

当前，职业教育的国界日趋模糊，世界范围内的高等职业教育都在国际化潮流中积极探索与适应。一些发达国家，如澳大利亚、德国、新加坡等，其高职教育的国际化进程较快，较早开展国际交流与合作，近年来又逐步关注课程的国际化，并将其作为高职教育国际化的核心内容。发达国家在高职教育国际化方面具有丰富的经验，值得我国借鉴。

第一节　澳大利亚高职教育国际化

澳大利亚政府通过设立相关机构保障高职教育国际化，如设立了国际教育开发署、高等院校国际开发计划组织、国际教育基金会和国际教育协会等专门机构，大力推进高等院校的国际化。国际教育开发署是国家法律授权的国际教育市场开发的管理实体，主要负责制定国家国际教育开发方面的有关重要导向性政策，起草国家国际教育开发的战略规划，管理国家国际教育开发的相关项目，监督全国国际教育开发的进展情况，预测未来国际教育市场的需求变化等；高等院校国际开发计划组织旨在执行澳大利亚高等教育的海外援助项目和海外开发项目。①

澳大利亚国际化理念先进,保障到位,在吸引海外留学生方面非常成功。澳大利亚联邦政府曾指出:"在吸引海外学生方面有自己特有的优势,应当充分地加以利用。"②因此,澳大利亚高职教育国际化的重点就是利用其独特的地理优势与较高的教育质量,吸引海外留学生。2000 年,澳大利亚颁布了《海外学生教育服务法》(*Education Services for Overseas Students Act*),率先成为世界上第一个为教育国际化立法的国家,至今几经修订,更加有力地保障了海外留学生的权益,促进了教育国际化的快速发展。

一、澳大利亚高职教育国际化办学理念

澳大利亚高职教育国际化首先体现在人才培养上。澳大利亚高职院校要求培养的人才必须具有以下能力:"具有国际视野和全球意识,不仅具有较强的实践操作能力,能正视自身文化素养的不足,而且能完善自己的人格使自己全面发展;能熟练运用外语,具备基本的与外国人交流沟通的能力;了解国际交往礼仪和法律,具备某种专业知识和技能,有良好的合作创新精神;能尊重别国的意识形态、文化、价值观、风俗和宗教信仰,无狭隘的民族观。"③

二、澳大利亚高职教育国际化办学形式

澳大利亚高职教育国际化的办学形式主要有招收海外留学生、合作办学、开设海外分校等。

招收海外留学生是澳大利亚高职教育国际化的传统办学形式。为了吸引留学生,澳大利亚政府、高校和驻外使领馆互相配合,采取了一系列措施,如颁布《海外留学生教育服务法》保障海外留学生的个人利益,支持技术移民,为留学生提供兼职、设立奖学金等。据调查,2011 年澳大利亚国外留学

① 黄日强.澳大利亚高等职业教育的国际化[J].外国教育研究,2003(7):51—55.
② 黄日强.澳大利亚高等职业教育的国际化[J].外国教育研究,2003(7):51—55.
③ 职芳芳.澳大利亚高等职业教育国际化办学模式研究[D].开封:河南大学,2013:4.

生高达 25 万人，海外留学生占总学生数的 15％～25％，个别学校甚至高达 30％。①

合作办学方面，如澳大利亚 TAFE 学院与海外高校联合培养人才，目前已经与 30 多个国家和地区开展了合作办学。

设立海外分校是澳大利亚高职教育招收海外留学生的拓展项目，也是澳大利亚高职教育国际化的重要形式之一。澳大利亚海外分校完全由澳大利亚职业院校自己投资，招生和管理也由澳方负责，与所在国并无关系。海外分校办学更加接近澳大利亚国内的办学模式，其文凭也由澳大利亚高校颁发。设立海外分校极大地推动了澳大利亚职业教育国际化。据澳大利亚移民局统计，TAFE 学院在全世界的数十个国家设立了海外校园；仅 2010 年，澳大利亚 TAFE 学院设立的海外校园就达到 28100 个。②

三、澳大利亚高职教育国际化课程体系

高职教育国际化的核心是课程的国际化。澳大利亚高度重视课程的国际化，从宏观与微观层面改革课程体系。一方面，确定并适当增设国际化课程；另一方面，改革原有课程体系，使其更加具有国际性。

课程开设方面，澳大利亚职业院校针对海内外学生不同的学习需求，开设不同的国际化课程，如针对海外学生，主要开设牙医技术、空调维修、汽车维修、兽医等紧缺专业和社会热门专业课程；针对澳大利亚本土学生开设的国际化课程包括外国文化、国际政治、艺术等相关专业课程，以提高学生的文化修养和国际交往能力。

课程实施方面，如澳大利亚 TAFE 学院主要由国际教师执教，学生可以自由选择所学课程；教师个别指导，实施小班化教学；注重技能训练，专门安排实践指导老师，指导学生企业实践。此外，澳大利亚政府已与很多国家签订教育协议，实行学分跨境互认，有力促进澳大利亚职业教育国际化。

课程管理方面，澳大利亚主要通过职业教育与培训框架体系进行课程

①　A National Quality Strategy for Australian Transnational Education and Training：A Discussion Paper[EB/OL]. (2008-06-01)[2016-05-01]. http://aei. dest. gov. au/AEI/Goverment. Activities /QA Australian And Education and Training System/QualStra-pdf. pdf.

②　刘伟. 澳大利亚 TAFE 学院国际化策略浅析[J]. 职业教育研究，2012(10)：172—174.

管理。这有力地保障了澳大利亚海外教育的质量,保护并提升了澳大利亚作为优质教育和培训供应者的国际声誉。①

四、澳大利亚高职教育国际化师资培养

澳大利亚高职教育的师资队伍培养,一方面靠对现有教师的培训,另一方面靠引进。澳大利亚联邦政府非常重视教师培训,自 1989 起每年提供 0.25 亿澳元用于职业教师的专业进修,鼓励教师到本地的培训机构学习或去国外进修。为了提高教师的职业能力和专业水平,澳大利亚 TAFE 学院规定教师要经常到企业参加培训,培训费用不需要教师和学校承担,但要求教师每周兼职工作的时间不少于 10 小时。此外,作为师资队伍的重要力量,兼职教师的引进与培养亦非常重要。澳大利亚高职院校国际兼职教师需具备以下条件:具有本科以上学历和学士以上学位;有工程师资格证;有 3 年以上的外企工作经验;取得教师四级资格证(没有教师资格证的需要参加师资培训);外籍工程师必须参加澳大利亚的语言培训。②

第二节　德国高职教育国际化③

一、德国高职教育国际化办学理念

德国高职教育的国际化离不开"双元制"的支撑。"双元制"注重实践,在世界职业教育与培训领域已被广泛认可。德国高职教育国际化的理念首先就是与"双元制"有效结合的国际化发展理念。德国政府高度重视职业教育国际化,早在 2002 年,联邦教育与研究部就出台了《教育与研究向世界开放:通过国际化实现创新》文件,提出加强德国教育与研究国际合作的八大

---

①　A National Quality Strategy for Australian Transnational Education and Training:A Discussion Paper[EB/OL]. (2008-06-01)[2016-05-01]. http://aei. dest. gov. au/AEI/Goverment. Activities /QA Australian And Education and Training System/QualStra-pdf. pdf.

②　职芳芳.澳大利亚高等职业教育国际化办学模式研究[D].开封:河南大学,2013:4.

③　刘金存,贾生超,赵明亮.德国高职教育国际化发展的经验借鉴[J]职业技术教育,2015(9):74—77.

目标和措施:第一,使国民具有国际化生存和就业能力;第二,提升德国作为国际教育与研究目的地的竞争力和吸引力;第三,强化德国的教育与研究在国际市场上的地位;第四,积极促进与欧洲范围的研究合作;第五,实现欧洲范围的基础教育和高等教育无边界学习;第六,发展双边科学、技术及教育的战略性合作;第七,在多边合作框架下发挥德国的影响力;第八,通过国际比较来衡量和提高德国教育与研究的质量和水平,在国际教育比较中交流经验、弥补不足。[①]

二、德国高职教育国际化课程体系

德国高职教育的国际化课程,最突出的就是重视对英语的学习。德国政府深知,要融入国际环境,英语是必须掌握的语言,因此格外重视提高国民英语能力。如在《里斯本条约》(*Lisbon Treaty*)中,认可欧洲各国共同确立的新的基本技能素质要求(包括计算机水平技术和外语能力等),倡导开展职业教育学生的国际性交流项目,建议企业参与相应的项目,要求职业培训条例中的所有培训都应加入英语教学要求,以实现经济和劳动市场的欧洲化和国际化。研究机构调查发现,英语和法语已经成为德国小学生的必修课,同时在德国高校高年级专业(特别是经济类)的教学语言中英语占了比较大的比例。[②] 多数应用科技大学开设了英语、德语双语授课的国际课程及预科项目,参与了德国联邦教育和研究部资助的"国际课程计划",为外国留学生的学习提供便利。

三、德国高职教育人员国际化[③]

德国政府在高职教育人员国际化方面的努力主要体现在两个方面。

第一,对于海外留学生,德国政府给予政策与法律保护。如法律规定:外国留学生就读德国公立大学不收学费,每年只收相当于几百元人民币的注册费;在德国大学正式注册的留学生,可以在限定的时间内打工,等等。另外,德国高校还开设了具有针对性的外国的大学本科毕业生课程和国际化专业,允许留学生延长学习期限、转换专业和勤工俭学;为外国留学生在

---

① 唐轶.欧洲高等教育一体化研究[D].南京:南京理工大学,2004:19.
② 刘京辉.德国高等教育国际合作广泛活跃[J].中国高等教育,2005(9):46—47.
③ 尤碧珍.欧盟国家高等教育国际化研究[D].济南:山东师范大学,2006:10.

德国学习、生活提供方便及时的服务,有些大学甚至提供免费的语言辅导服务。这些举措对外国学生具有较强的吸引力,数据显示,2006 年海德堡大学有学生 23000 人,其中外国留学生 5000 人;亚琛工业大学有在校生 26000 人,外国留学生 5000 人。在这些留学生中,以攻读本科生课程和硕士、博士学位课程的学生为主体,其中相当一部分高层次的优秀留学生毕业后即充实到德国的科研机构和高等院校中,有力促进了人员国际化。

第二,在吸引外国专家与教师到德国执教(科研)方面,德国联邦政府采取了诸多措施,如放宽国外专家在德国居留的要求和改善国外专家在德国工作的条件等。

第三节　新加坡高职教育国际化①

一、新加坡高职教育国际化课程体系

新加坡的理工学院(类似于我国的高职院校)注重课程体系的国际化,其课程的开设不仅与国际化的市场需求紧密结合,而且课程内容须通过海内外工商界及学术界的鉴定。如南洋理工学院的全日制专业文凭课程,不仅要通过国内外专家的审定,还要获得新加坡生产力与标准局颁发的 ISO 9002 国际标准体系证书。新加坡的理工学院开设的课程专业涉及范围很广,科目安排以实践方向为主,课程结构与国际接轨。理工学院的专科文凭是全球通用的,学生可以凭借专科文凭申请进入新加坡及海外综合性大学深造。

二、新加坡高职教育国际化师资培养

新加坡高职教育的师资具有较高的国际化水平,这主要源于新加坡政府在以下三个方面的努力。

第一,制定国际化的招聘政策,通过提供高薪和舒适的住房等优惠条件,从欧美、澳大利亚等地区和国家招聘高水平与高技能的外籍教师。据不完全统计,2008 年新加坡理工学院的外籍教师数已经超过其教师总数的 10%。

---

① 李霆鸣.新加坡高职教育国际化特征[J].职教论坛,2008(2):51—53.

第二,新加坡重视教师发展,积极鼓励教师参加新技术培训,同时也非常关注国外新技术的发展,引导教师学习前沿的科技知识,不断跟进国际步伐。

第三,制定教师进修奖学金制度,鼓励在职教师在国内或去国外攻读更高的学位,开阔国际视野。

三、新加坡高职教育国际化合作交流

新加坡政府积极推进国际化的教育交流与合作,尤其是与发达国家的交流与合作。具体交流合作形式有三种。

第一,扩大留学生的招生规模。通过教育基础设施的改进和学生保障计划的落实,吸引国际留学生来新加坡深造,提高外国学生在在校生中的比例,营造国际化环境。据统计,新加坡 5 所国立的理工学院留学生人数超过学校总人数的 10%。

第二,不断寻求和拓展同国际名校的共建与合作机会,加强国内教育与国际教育的融合交流。如新加坡南洋理工学院共有 3 所国际合作学院,分别是与德国合作的以机械制造专业为主的德新学院、与法国合作的以电气专业为主的法新学院、与日本合作的以信息专业为主的日新学院。3 所国际合作学院互相竞争,互相比较,形成了较为浓郁的国际化氛围。

第三,积极与世界著名企业建立校企合作关系,建立健全校企合作机制。如南洋理工学院分别与德国的费斯托(Festo)有限公司、日本的三菱(Mitsubishi)集团和松下(Panasonic)集团、美国的国际商业机器公司(IBM)等著名企业都建立了良好的校企合作关系。

第四节 澳大利亚、德国、新加坡高职教育
国际化实践的启示

一、树立国际化的办学理念和人才培养理念

创办具有世界先进水平的高职院校,首先要注重开发和积累国际教育资源,积极引进先进的教育理念和教育管理方法。教育国际化的一个重要

目标就是培养适应经济全球化、信息全球化,同时具备国际视野、有国际交往能力和国际竞争能力的人才。澳大利亚、德国等国家都从本国实际出发,制定了教育国际化的培养目标。

有鉴于此,我国高职院校在人才培养上要注重培养学生以下素质:具有国际视野和国际理念,具有国际交往能力和跨文化交际能力,熟练掌握一门或多门外语,等等。

二、重视国际课程开发与外语教学

课程国际化是职业教育国际化的核心,既要从多方面着手,还要考虑社会需求。如经济全球化需要通用型人才,因此,高职院校培养的学生不仅要具备与国际接轨的专业素质,还要了解国际交往礼仪和国际惯例,尊重不同国家的文化、社会风俗、宗教信仰等。显然,传统的课程体系已不能满足国际化人才培养需求,高职院校亟须建立国际化的课程体系,如增加国际经济与贸易、跨文化交流等课程,编写的相关教材与国际接轨,突出外语教学,等等。

三、提高师资队伍的国际化水平

综观国外高职院校,其教师队伍的国际化兼取"请进来"与"走出去"两种路径。就宁波高职院校而言,一方面,应积极吸纳国外优秀教师来宁波执教;另一方面,应大力鼓励教师出国讲学、访学和进修,派遣教师赴国外培训,与国外院校达成交换学者等合作协议。

四、广泛开展高职教育领域内的国际交流与合作

除了教师和学生等人员的国际化流动外,高职院校还应建立学术交流制度,举办或联办国际学术会议,鼓励更多的教师出国参加国际学术会议。

第三章　宁波高职教育发展优势与
　　　　存在的问题

　　高职教育国际化是高等教育应对经济全球化的一个内部发展战略调整,也是实现全球实用型技能人才均衡配置的途径之一。宁波地区国际化理念先进、职业教育发展较快,其高职教育国际化既有发展优势也存在较多问题,本章将逐一梳理。

第一节　宁波高职院校国际化发展优势

一、区域高等教育规模不断扩大

　　宁波高等教育起步较晚,但发展步伐较快,目前已形成了较大的教育规模,这为高职教育国际化提供了条件。当前,宁波共有 15 所高校,其中宁波大学、宁波诺丁汉大学、浙江大学宁波理工学院、宁波工程学院、浙江万里学院、宁波大红鹰学院、公安海警学院等 7 所为普通本科院校;宁波职业技术学院、浙江纺织服装职业技术学院、浙江工商职业技术学院、宁波城市职业技术学院、宁波天一职业技术学院、浙江医药高等专科学校等 6 所为高职、专科院校;另有宁波教育学院、宁波广播电视大学为 2 所大学建制的成人高校。宁波已经形成了博士生、硕士生、本科生、高职生多个培养层次的区域高等教育结构体系。宁波的高等教育已经处于浙江省高等教育的副中心地位,培养了大批区域性人才,助推了宁波高等教育辐射全省及走出国门,加快国际化发展步伐。近几年宁波市高职教育异军突起,显现出了强大的生命力,在满足宁波市经济快速发展对高技能专业人才需求的同时,也为宁波高职教育国际化奠定了基础。

二、宁波高职教育国际化拥有较好的经济基础

宁波是浙江省经济最发达的城市和全国 14 个中央计划单列市(副省级)之一,是我国重要的对外贸易口岸,也是经济国际化程度较高的城市。根据宁波海关统计数据,在深受全球金融危机影响的 2009 年,宁波市全年的进出口、出口和进口金额分别为 608.1 亿、386.5 亿和 221.6 亿美元,分别占宁波市 2009 年 GDP 的 14.43%、9.17% 和 5.26%。在宁波投资的外企有 1.2 万多家,来自全球 95 个国家和地区,年纳税总额突破百亿元,吸纳就业人员近 85 万人。2008 年,宁波外商投资企业的工业总产值达到 1774.5 亿元,占 2008 年宁波 GDP 的 44.36%。此外,许多外资企业通过新设企业、增资等方式,加大在宁波的投资,如宁波市外商投资企业注册资本总额 2008 年超过 200 亿美元,占全市所有企业注册资本的 36%。宁波市政府确定的现代制造业"5+5"产业结构、现代服务业"6+4"产业结构,都具有鲜明的国际化特征。

宁波市是我国"长三角"地区的国际化港口城市。依托港口优势的装备制造、小家电制造、现代物流、跨境电商、化工、模具、外贸、旅游等产业已跻身全国前列。"十二五"期间,宁波市致力于发展新材料、新能源等新兴产业,实现了跨越式发展。"十三五"期间,围绕"中国制造 2025""互联网+"等国家战略,宁波市确立了主动对接海上丝绸之路、打造港口经济圈及开放创新促发展的新思路。跨境电商、港口物流、智能电子、精密模具、工业设计等产业将成为宁波打造以"结构优化、创新驱动、智能转型、集约高效"为特征的"智造强市"新引擎,宁波外向型经济格局将成为经济发展新常态,必将催生新海外产业集群及产业链。高职教育作为与经济社会联系最为紧密的教育类型,也需及时调整发展战略,转变办学方式,积极配合区域经济转型升级的需要,不断深化国际化发展路线。宁波高职院校可以借助国家建设 21 世纪海上丝绸之路的发展机遇,依托宁波加快打造陆海空联动新走廊、构建区域交流新平台、完善开放合作新机制等优势条件,围绕信息咨询、人才培训、金融支持、风险防范、外汇管理、外事服务等全方位国际化服务业,加快院校的专业结构调整和课程改革,有效融入宁波外向型经济发展之中,在提高高职教育服务区域经济转型能力的同时,进一步密切与"一带一路"沿线国家的职业教育交流与合作,不断拓展高职教育办学思路,加大职业教育国际化的开放度,打造区域高职教育国际化品牌。

三、宁波市政府高度重视高职教育国际化

近年来,宁波市委市政府以构建区域现代职教体系为目标,以深化服务型职业教育体系建设为主要发展战略,以服务经济社会和学生全面发展为主要任务,不断加强政府统筹,加大经费支持与保障,推动专业与产业协同发展,提高技术技能人才的培养质量,使宁波迈入全国职业教育先进地区行列,宁波高职教育的发展也取得了突出成就。

第一,率先在全国出台校企合作条例。宁波市于 2008 年在全国率先制定了促进校企合作的地方性法规——《宁波市职业教育校企合作促进条例》,2011 年配套制定了《〈宁波市职业教育校企合作促进条例〉实施办法》,明确了政府、企业、职业学校在促进校企合作中的责任,为建立政府引导、校企互动、行业协调的校企合作长效运行机制提供了有力保障。2012 年,根据《宁波市职业教育校企合作促进条例》及《〈宁波市职业教育校企合作促进条例〉实施办法》,宁波市设立了校企合作专项资金,成立了宁波职业教育校企合作促进会,启动"宁波校企通"职业教育校企合作公共服务平台建设,以政府购买服务的方式,坚持公益性服务和市场化运作相结合。该平台共有注册学生 2.6 万余名,企业 6700 家,发布岗位信息 2 万多条,举办校企合作实体对接会 15 场,为深入推进校企合作搭建了良好的服务平台。在上述文件的推动下,宁波高职院校校企合作进一步深入发展,校企合作的形式更加多样。

第二,推动职业教育体系与区域产业协同发展。宁波市政府相继出台《关于加快构建服务型职业教育体系的若干意见》《关于深化服务型教育体

系建设,加快培养高素质应用型人才若干意见》等文件,要求提高职业教育对经济社会的人才支撑能力、知识贡献能力和学习服务能力。宁波市政府与各职业院校根据区域产业结构特点,持续推进学校布局与专业结构调整,大力建设与地方产业衔接紧密的品牌专业和重点发展专业,基本做到专业结构对接产业结构,课程体系对接职业标准,教学过程对接生产与服务工作过程。中国社会科学院《教育提升城市竞争力》报告显示,在 24 个同类城市中,宁波职业教育对城市经济结构的影响力位居第一,对硬件竞争力的影响力位居第二。2013 年,宁波成为国家职业教育与产业协同创新试验区。

第三,将职业教育纳入经济社会发展和产业发展规划,健全政府主导、行业指导、企业参与的办学机制。按照建设公共服务型政府的要求,转变观念,加大政策支持力度,制定法规促进校企合作办学,推进校企合作制度化,不断提升高职教育质量。宁波市"十一五"规划中就已明确指出:把职业教育放在突出的位置,顺应宁波经济社会发展的需要,改革职业教育方式,更新教育内容,培养多层次的实用型人才;建设职前培养与职后培训有机沟通的十大职教实习实训基地,完善职业技能培训体系;建设服务型教育体系,支持产业相关的重点学科和专业建设,建设十大应用人才培养基地,支持与企业挂钩的高级经营管理科技人员及职工培训,建设学校数字图书馆、网上技术市场和人才市场进校园工程;实施"百千万涉外人才培训工程""高技能人才培训工程""农村实用人才培育工程"等,培养造就一批适应经济社会发展需求的紧缺人才。宁波市政府在"十二五"规划、"十三五"规划中,更是将发展职业教育放在优先位置,要求不断加大投入力度,完善保障制度,确保职业教育健康可持续发展。2005 年 8 月 9 日,宁波市政府颁布了《关于加快构建服务型教育体系,增强服务地方经济社会能力的若干意见》,提出到 2010 年,初步构建起与宁波市经济社会发展相适应的,与产业发展相衔接的服务型教育体系,提高教育对经济社会的人才支撑能力、知识贡献能力和学习服务能力。2006 年 10 月,为"大力提升职业教育对经济社会的贡献程度,增强职业教育的人才支撑能力、知识贡献能力和学习服务能力",加快构建宁波市服务型职业教育体系,宁波市政府又下发了《宁波市人民政府关于加快构建服务型职业教育体系的若干意见》。2008 年 10 月,为进一步推进自主创新,建设创新型城市,强化宁波经济社会持续快速协调发展的人才支撑,宁波市政府颁布了《关于深化服务型教育体系建设,加快培养高素质应用型人才的若干意见》,提出到 2012 年,初步构建起培养和培训体系完善、激励和保障机制健全的高素质应用型人才培养工作格局,成为国内具有一定知名度的高素质应用型人才重要培养培训基地。上述两份文件均将各高职院校作为构建服务型教育体系的重要组成部分,要求各级政府加强组织领导,完善政策保障,为构建服务型教育体系营造良好的环境,同时要坚定实施科教兴市"一号工程"的决心,真正落实教育优先发展的战略地位,切实加强对构建服务型教育体系的组织领导;各级教育、发展改革、财政、规划、建设、国土资源、人事、劳动保障、工商管理、经贸、农业等政府职能部门要紧密配合,积极发挥职能优势,在发展规划、体制创新、教育投入、人事管理等方面同心协力,为构建服务型教育体系、提高教育对经济社会发展的贡献度提供有力保障;完善考评制度,把落实教育优先发展的战略地位、营造有利于教育发展的良好环境、提高教育对区域经济社会发展贡献度作为县(区)政府和市级有关部门教育工作的主要内容列入考核目标,并对为构建服务型教育体系、提高教育对经济社会发展贡献度作出显著成绩的单位和个人给予奖励。

第四,积极推进教育国际合作交流综合改革试验区建设。2012 年,宁波市人民政府与教育部签署共建教育国际合作与交流综合改革试验区,宁波成为全国首批两个试验区之一。自 2013 年 3 月启动以来,试验区立足宁波教育国际化实际,切实推进教育国际合作领域的改革试点工作,在体制机制改革创新、中外合作办学、高层次人才引进、国际化人才培养、来华留学生教育等多个领域取得了一定成效。在教育部和浙江省教育厅的支持下,试验区建立了三方联动机制等多项联动发展机制,构建教育国际交流合作机制,积极打造姐妹学校群、校长教师海外培训基地、海外学生宁波实习实践基地等多个交流平台,同时与美国、英国、马来西亚、中东欧国家建立教育合作的长效机制,签署战略合作协议,深化全方位务实合作。试验区还出台了《宁波市创建国际化特色示范学校行动计划》,指导学校深化与结对学校的合作。在国际合作交流综合改革试验区的推动下,宁波教育国际化取得实质性突破,依托国家、省、市对外开放大平台,目前已连续举办了 5 届"欧洲宁波教育周",3 届"东北亚宁波教育周",2 届中美、中新(新西兰)教育合作交流会等,累计签订各类合作协议 200 余项。职业院校整体发展水平显著提高,目前正逐步建设 2～3 所高校,使之成为亚太地区具有一定竞争力和影响力的国际化大学。宁波的"洋老师"和"洋学生"数量正在稳步增加。此外,在引进国外优质教育资源方面也有了更深层次的突破,多所本科高校开展专业领域深入合作,高职教育也不例外,如在宁波城市职业技术学院、宁波外事学校与澳大利亚悉尼 TAFE 学院合作建立的宁波 TAFE 学院基础上,中高职一贯制宁波国际职业学院目前已初步建成,预计在校生会达到 2000 人。在"引进来"的同时,宁波市政府还积极资助高职教育"走出去",鼓励高职院校留学人员赴国外一流高校学习一流专业和国内急需专业,支持企业设立留学奖学金,为企业发展定向培养国际化人才。

四、宁波高职院校国际交流与合作办学经验日益丰富

宁波高等职业院校能够依托专业优势,积极开展国际交流与合作办学,与国外高校开展大专层次学历教育及多种形式的合作培养项目,构建多层次的国际化办学模式,与加拿大、澳大利亚等多个国家的高校开展合作,形成了多种专业方向交叉、学历层次递进、与国际教育衔接的多元格局。高职院校开展国际交流与合作办学最主要的目的在于引进国际先进的专业课程,学习先进的教育技术和教学方法,培养适应经济社会发展需要的职业技术人才。

宁波卫生职业技术学院广泛与韩国、波兰、澳大利亚、俄罗斯、法国等学校(机构)建立联系,搭建合作平台。与韩国又松大学美容专业合作,搭建学生赴韩国攻读本科、硕士学位平台;积极响应"一带一路"倡议,以中东欧合作平台为依托,开拓与波兰的教育交流合作;以提升学校老年照护、养老服务人才培养和研究水平为目标,与澳大利亚、俄罗斯、法国等学校(机构)开展有关专业的合作。

宁波城市职业技术学院紧紧抓住高等职业教育国际化这一新的发展机遇,与德国、美国、澳大利亚、加拿大、法国、英国等紧密合作,与 10 多个国家和地区的 40 余所大学和机构建立了广泛而密切的联系,吸收消化了国外优质教育资源,在人才培养、课程群建设、师生互访、学术文化交流等方面取得了显著成效。国际交流与合作成为学校办学特色和创新的基础,是学校的

核心竞争力之一。宁波城市职业技术学院运用国际优质教育资源，结合校本创新转化成果，在校内外各个专业加以推广和实践。这也使得该院相继在 2013 年、2014 年和 2015 年浙江省普通高校国际化水平排名中分别位列高职高专院校第二、第三和第一名。

浙江工商职业技术学院于 2002 年开始和澳大利亚霍姆斯格兰学校合作开办国际商务项目，该项目是浙江省最早获教育部核准开展的中外合作学历教育项目，在国际交流与合作中取得了丰硕成果。中澳合作项目在 2012 年荣获澳大利亚霍姆斯格兰学院海外"最佳教学成果奖"和"优秀管理奖"，以及 2013 年取得"浙江省示范性中外合作办学项目"的基础上，2014 年，中澳合作国际商务专业又一次荣获中国教育国际交流协会颁发的《中外合作办学质量认证证书》。中澳合作国际商务专业的教学质量和管理受到认证专家的好评，中澳合作项目的品牌影响力进一步凸显。中澳合作办学项目组成员被邀请在中国教育国际交流协会职教分会一届二次常务理事大会、2015 年第三届全国职业院校国际交流与合作办学研讨会、浙江省教育国际交流协会高职分会第二届会员大会上做经验交流。

浙江纺织服装职业技术学院与英国索尔福德大学联合建设的中英时尚设计学院是学院一所独立非法人办学机构。2015 年 9 月，中英时尚设计学院正式开门办学，成为培养国际化时尚产业人才，联结中英时尚文化，推进时尚职业教育改革的前沿阵地。学院与日本杉野学园杉野服饰大学合作举办服装设计专业高等专科教育项目。在该项目的 234 名毕业生中，35 人赴日本杉野服饰大学继续深造，16 人在国内高校攻读本科学历；麦可思调查数据显示，该项目 2014 届毕业生入职 6 个月后平均月收入达 3048 元，高出本院同专业（非中外合作办学）毕业生月收入 200 余元。学院与韩国大邱工业大学合作举办人物形象设计专业高等专科教育项目，该项目每年计划招生 70 人，现有在校生 186 人。2015 年 6 月第一届 38 名毕业生中，有 26 人赴韩国大邱工业大学学习。目前，该项目 86% 的专业核心课程由韩方教师开授。

宁波职业技术学院面向宽领域、高水平、深层次开展国际交流与合作，加快国际化发展步伐。利用援外培训基地、发展中国家研究院等平台，积极与澳大利亚、德国、韩国等开展合作办班、短期交流、学生互换等中外合作办学，带动专业和课程建设改革，与澳大利亚堪培门大学合作的计算机网络技术专业项目开始实施教学。同时,学校大力引进国际证照,通过引进德国工商业联合会机电一体化工程师职业资格证书,按照国际标准开展相关培训,帮助学生获得国际通用的职业资格证书。留学生人数逐年递增,2015 年共有来自西班牙、韩国、科特迪瓦、也门、乍得、贝宁等国家 117 人次在学院进修中文课程,并有 2 名学生通过汉语水平等级考试进入物流专业和视觉传达专业学习。

五、宁波高职院校师资水平提升明显

教师的国际化是教育国际化发展的关键因素之一。目前,许多高职院校积极与国外大学和职业院校建立教育与文化交流关系,进行师资培训和教育、文化交流。高等职业院校往往通过聘请合作院校的外籍专业教师授课、直接引进有海外学习经历的教师、选派专业教师到海外学习和培训等方式培养具有双语授课能力和较高专业素养的教师队伍。我国的高职教育在师资国际化素养培养方面取得了一定的成果,为高职教育的国际化发展奠定了一定的基础。高职师资队伍国际化离不开当时当地高职院校特定的人才培养模式。

宁波各高职院校积极加强国际化师资队伍建设,打造中外合作高水平师资队伍。以 2015 年为例,宁波城市职业技术学院拥有国家级培训项目澳大利亚 TAFE 职业教育能力培训基地,已有 81 名教师获得澳大利亚 TAFE 四级认证证书并获准教授职业课程,27 名教师获得了德国 ADA 职业资格培训师证书。学校加大教师出国培训力度,极大地推进了师资队伍的国际化建设步伐。

浙江工商职业技术学院也积极通过"走出去"与"请进来"推动师资队伍国际化。2014 学年,学校共聘请外国文教专家 15 人,其中 1 人为博士学位;还邀请来自澳大利亚的教师来学校授课。

六、宁波高职院校高技能、国际化的人才培养趋势更加明显

高职教育国际化适应了经济全球化对技能型人才的需求,同时也是对实用性人才在全球范围内均衡配置的积极调适。厦门大学史秋衡教授认为,高职教育国际化一个重要目标就是努力培养适应经济全球化、信息全球化,有国际意识、国际交往和国际竞争能力的高级技术人才,而国际意识是

高职教育人才定位的理论支撑，国际竞争能力是高职教育人才竞争力的具体体现。这些观点都有一个明显的指向：适用性职业教育是高职教育国际化的基点和方向。

宁波城市职业技术学院基于宁波 TAFE 学院实践，积极探索中高职一体化改革，合作建立了中高职五年贯通的职业教育体系，成立 TAFE 课程研发中心，进行校本特色的创新和实践；基于本校实情进行开发和改良，编写和开发了 10 余套基于校本特色的培养方案、课程体系、教学资源包、教材、教学实施标准、人才培养质量监控和评价体系等教学实践材料。自 2012 年学校获批留学生招生资质以来，目前已有来自巴基斯坦、俄罗斯、德国、英国、塞拉利昂等国家的海外留学生来校进行中文及英文课程的学习。2014 年度，学校留学生中有 2 名来自塞拉利昂和尼日尔的学生获宁波市政府的全额奖学金。

浙江工商职业技术学院学生对外交流呈多样化和规模化趋势。学校基于近几年派出学生赴澳大利亚和美国提升学历以及赴美国和日本带薪实习的良好条件，于 2014 学年又派出了 12 名学生赴澳大利亚霍姆斯格兰学院进行实地体验学习及其他形式的交流学习。

浙江纺织服装职业技术学院年均接收英国等国家留学生 30 余名。2015 年，外派交流生、交换生、学位生占在校生总数的 1.24％，在浙江省高职高专院校中排第四位。

七、宁波高职院校积极开展高职教育援外培训，助力企业和职教品牌"走出去"

援助发展中国家人力资源培训是中国 2005 年 11 月在联合国大会上的郑重承诺，是我国政府向发展中国家援助计划的重要组成部分。随着我国"一带一路"建设的推进，援外工作日益凸显其重要性。同时，随着援外培训领域的不断拓展和内容的不断丰富，职业技术教育援外培训因其与其他援外培训相比投入少、见效快、影响广等，正加速助力"一带一路"建设。

宁波职业技术学院自 2007 年承办商务部援外培训项目以来，一直得到市商务委、市教育局和区政府的大力支持。作为商务部唯一指定的"中国职业技术教育援外培训基地"，至 2015 年年底，宁波职业技术学院开办的援外培训班已达到 56 期，参训学员总数达到 1174 名，分别来自 107 个发展中国家,绝大多数为当地产业界官员,也包括不少部级官员。学校通过援外培训项目积极助力"一带一路"建设,打造宁波职教国际品牌,同时结合地方、区域产业发展形势,不断拓展培训项目和内容,除主打职业教育管理培训外,还包括港口管理、物流服务、汽车产业发展、宏观政策研究等方向。援外培训基地还承担了两次由中国共产党中央委员会对外联络部(简称中共中央对外联络部或中联部)特别委托的古巴港口管理研修班,在培训层次和水平上进一步提高,并得到中联部的专函肯定。在市政府、市教育局和区政府的大力支持下,中国职业技术教育援外培训大楼被列入《宁波市经济社会转型发展三年行动计划》(2014),该工程现已完成各项前期手续,即日将正式动工建造。

宁波职业技术学院在助力"一带一路"倡议、打响宁波职业教育世界品牌的同时,积极凝聚国际国内资源,为地方、区域企业搭建出口贸易平台,为产业发展集聚资源、搭建桥梁、培养人才。通过带领援外培训学员与海天集团、浙江吉利汽车有限公司、宁波龙星物流公司等地方明星企业洽谈交流,考察北仑港,参与区域相关经济、文化交流活动等,全方位、多角度展示了当地经济发展情况及成就,有效扩大了宁波的国际影响力,为本土企业"走出去"搭建了平台。

在宁波市教育局支持下,宁波职业技术学院与教育部职业教育中心研究所共同成立"发展中国家职业教育研究院"。研究院与援外培训基地在理论和实践上"双轮"驱动,一方面就中国企业在海外投资分布情况开展调研,逐步开设更加有针对性的培训项目,搭建桥梁,积极推动一批区域知名企业、骨干企业率先"走出去",拓展海外市场;另一方面,积极开拓海外办学试点,在也门原萨那技校的基础上建立了"也中友谊高等科技学院",在贝宁建设中非(贝宁)职业教育培训基地,为当地开展职业教育培训创造条件,也为中资企业的海外市场提供智力支持和人才保障。

助力"一带一路"国家战略实施①

"中国特色、世界水平"是当前我国职业教育发展的新目标,也应该

---

①　张慧波.助力"一带一路"国家战略实施[N].光明日报,2015-06-02(15).

是所有高职院校发展的努力方向。"一带一路"既给实现这一目标提供了机遇,也对高职院校提出了新要求。如何结合自身特色和实力,不断办出"中国特色",在特色的基础上达到"世界水平",更好地助力"一带一路"倡议的实施,是众多高职院校需要认真思考的问题。作为国家首批建设的示范性高职院校,宁波职业技术学院多年来持续开展面向发展中国家的职业技术教育援外培训,取得了突出成效。

中国职教的品牌被"一带一路"国家所认可

作为商务部唯一指定的"中国职业技术教育援外培训基地",宁波职业技术学院自 2007 年以来先后承办了 44 期发展中国家港口管理、汽车产业、职业教育管理等研修班,已经累计对"一带一路"沿线的缅甸、泰国、坦桑尼亚、赞比亚、肯尼亚、埃及等 100 多个发展中国家近1000 名产业界官员、职业教育官员和教师进行了培训。由中国职教领域知名专家、学者,以及具有典型办学特色的高职院校院校长组成的讲师团,向各国学员展示了中国高职教育发展的理念和成就。培训取得了良好的效果,引起较好的国际反响。来自塞内加尔教育部的官员说:"希望宁波职业技术学院进一步访问亚太地区和非洲国家,更好地了解当地院校的办学情况和经济发展需求,讨论合作事宜。合作领域可包括经贸发展、师资培训、设备设施、校企合作等等。"2012 年,喀麦隆杜阿拉大学朱尔斯·阿苏穆博士在第三届国际职业技术教育与培训大会上指出,以宁波职业技术学院为代表的一批中国高等职业院校,在国际职业教育改革交流当中起到了非常好的引领作用。中国职教的品牌魅力正通过援外培训逐渐彰显。

"中国制造"的品质在"一带一路"国家中更深入人心

高职援外培训紧紧围绕地方、区域产业发展需求,将培训项目逐步从职教领域拓展至汽车、设备、制造等产业领域,助推中国制造"走出去"。参访中国企业、实地感受中国制造的品质和魅力,是援外培训的常设课程;"以培训带交流、以交流促合作、以合作兴发展",已成为援外培训水到渠成的"课外成果"。各国学员多次参访中国海天集团、中国亚龙科技集团、中国吉利汽车、浙江宁波港、上海洋山港、辽宁营口港、山东日照港、山东青岛港等著名企业和港口,对我国制造业的发展,以及沿海地区港口的发展有了较为深入的了解。"中国制造"的日益强大引起各国学员的极大关注,中国港口的管理模式引发了学员的学习热情。部分学员当场表示,回国后要积极推动本国企业与中国企业合作,引进中国的生产设备和产品;96.5%的学员认为中国港口物流发展的经验对自己的工作帮助极大,并希望在各自的国家加以实践,也希望能有机会与相关城市开展经济合作。在援外受训学员的推动下,2011年6月,宁波市政府率团访问墨西哥,进一步开拓与墨西哥的经贸、教育合作,并与墨西哥杜兰戈理工大学和杜兰戈技术学院签订了合作协议,通过发展职业教育为当地企业培养高技能人才,积极推动两地企业增进交流,促进当地经济发展。

中国文化的魅力在"一带一路"沿线国家中进一步提升

文化是国家软实力的重要体现,文化交流是"一带一路"建设的重要组成部分。促进文化认同和理解是援外培训的重要使命之一。宁波职业技术学院为参加援外研修班学员特别开设了"中国历史""中国的国情""中国人与哲学"等课程,使学员对中国以及中国人民有了更客观、全面的了解。独具特色的中国元素体验课程,如剪纸、中国功夫、茶艺、书法等,让学员们身临其境,体验中国的魅力文化。学员们在体验过程中感受到中国文化的博大精深和丰富多样。学员们练书法、习武术、巧剪纸……体验着中国传统文化的无穷魅力,既丰富了业余生活,又深化了援外内涵,促进了学员对中国文化的理解和认同。

"走出去"援助将是学院职教援外发展的重要突破口。2013年4月,教育部职业教育中心研究所、宁波市教育局、宁波职业技术学院三方联合成立"发展中国家职业教育研究院",积极开展发展职教援外项目、中国产业发展和职业教育研究,为"走出去"办学提供支持。在深入调研和论证的基础上,2015年学院将与浙江天时国际有限公司合作在贝宁建立职业技术教育培训中心,逐步开设电子技术应用、摩托车维修和小型发电机维修、电梯维护、建筑设计与施工等与当地产业发展和民生需求紧密相关的课程,在为海外中资企业提供智力支持和人才保障的同时,直接服务当地人力资源的开发,助力"一带一路"的实施。

第二节　宁波高职教育国际化存在的问题

宁波高职教育在优越的区位条件、政府的统筹重视、院校的积极探索等有利因素下,近年来取得了较大的进展,国际化进程不断加快。但由于发展时间不长,其国际化水平整体偏低,且存在较多问题,如国际化理念与规划发展不足、师资国际化水平不高、课程的国际化不足、合作办学项目质量不高、国际交流的主动性不强、国际化教育质量认证体系尚未建立等。

一、国际化发展理念与规划不足

宁波高职教育国际化进程近年来在不断加快,但国际化的发展理念尚未形成特色,国际化的发展规划相对不足。宁波市高职院校目前尚未形成独特的国际化理念,院校的国际化发展策略大多是根据院校自身发展需要,开展师生海外交流、合作办学、对外援助培训及招收留学生等,国际化理念未贯穿始终,且缺乏特色理念的引导,导致项目开展缺乏顶层设计,示范性不强。

二、师资国际化水平不高

师资队伍是高职教育发展的关键因素,师资国际化是高职教育国际化的重要指标之一,也是高职教育人才培养国际化的前提和保障条件。衡量高职院校师资构成的国际化水平,主要有以下指标:在海外取得学历(学位)教师数量、具有1年以上海外留学经历教师数量[不含在海外取得学历(学位)教师数量]、具有1年以上海外工作经历教师数量、具有3个月到1年海外短期培训(访学)经历教师数量、外籍教师比例(外籍教师占全校教师总数的比例)和外籍教师授课比例(外籍教师授课时数占全校课时数的比例)等。目前,宁波高职院校教师的外籍教师比例较低,且质量不高,大多数外籍教师为语言类教师,在其他专业领域发挥的作用相对较小。而在国内教师双语教学率这个核心指标上,更是不容乐观。虽然不少高职院校已在教师出国培训、进修和学习等方面增加了大量投入,特别是国家级和省级示范性高职院校,近年来资助派遣出国深造或短期学习的教师人数越来越多,但整体来说,在海外取得学历(学位)教师数量、具有 1 年以上海外留学经历教师数量、具有 1 年以上海外工作经历教师数量、具有 3 个月到 1 年海外短期培训(访学)教师数量等明显不足。宁波高职院校师资的国际化,亟须通过"外引"和"内训"重点突破。

三、课程的国际化不足

课程的国际化是高职教育国际化的核心。课程的国际化包括课程目标的国际化、课程内容的国际化和课程设置的国际化,其中课程设置的国际化就是积极引进国际课程、国际教学标准及教学方法与教材,提高国际化课程在总课程中的比例。国际知名高校高度重视课程设置的国际化,如美国加州大学伯克利分校每年开设约 600 门国际化课程和 80 余种外语课。[①] 宁波高职院校在国际性课程引入门数、国际化教学标准引入量、外语或双语教学占总课时比例、国外教材(含原版与翻译)使用比例等方面均偏低,课程的国际化仍然停留在粗浅层面。如部分高职院校只是在一些新领域增设国际课程,或仅仅根据国际行业通行标准开设核心课程,还有一些高职院校开设国际课程就是把国外的一些职业项目和职业证书课程原版搬过来,如此的"国际化"课程肯定是无法培养满足国际市场需求的高技能、高素质人才的。

四、合作办学项目质量不高

高职教育对外交流与合作的重要途径之一是中外合作办学。目前,宁波市职业院校与国外合作办学越来越频繁,但由于高职教育发展还处于起步阶段,明确的国际化分层体系还没有建立,宁波高职院校在"走出去"合作办学方面还处于劣势,合作方式较为单一,局限于中外双方合作办校办班、引进国外优秀的课程和证书培训以及双方人员的互访交流等方面。从目前宁波高职院校中外合作 TAFE 学院的情况看,合作办学亟待解决以下四个问题。

第一,中外课程与教学的衔接度有待提高。中外合作办学的关键是课

---

① 李芹.高校研究生教育国际化评价指标体系构建研究[D].南京:南京农业大学,2010:6.

程与教学的有效衔接,在课程安排上,外方提供的课程与中方的课程缺乏科学的融合与衔接,使得课程系统性不强;在教学安排上,外方教师与中方教师相对独立,中方负责中方课程,外方负责外方课程,需进一步加强中外双方教师的沟通与交流。

第二,中方教师双语教学能力不强,专业课双语教学水平有限,且提高需要一定时间。有调查指出,宁波高职院校全英文或双语授课的课程数占总课程数的比例都在10%以下。

第三,学生不能或不愿继续学习。如个别学生因第三学年未通过TAFE英语三级考试而无法进入专业核心课程体系学习,部分学生在完成前三学年的学习后不愿继续读高职,等等。

第四,中外合作办学的监管不足。《中华人民共和国中外合作办学条例》第四章第三十五条规定:"国务院教育行政部门或者省、自治区、直辖市人民政府教育行政部门及劳动行政部门等其他有关行政部门应当加强对中外合作办学机构的日常监督,组织或者委托社会中介组织对中外合作办学机构的办学水平和教育质量进行评估,并将评估结果向社会公布。"除少数几所院校在国际化方面有实质性进展外,宁波高职院校在国际化发展战略实施中普遍缺乏有力的组织保障与制度保障,虽然都设立了独立的国际交流与合作处(外事处),制定了外籍教师管理规定,但这些制度还停留在较低水平。[1]

五、国际交流的主动性不强

我国大部分高职院校在国际交流和合作方面缺乏经验,对外联系相对较少,在组织学生海外实习、派遣教师出国培训、召开国际学术会议、与跨国公司开展校企合作等方面与普通本科院校差距较大。比之中西部地区高职院校,宁波高职院校所开展的国际交流活动还算丰富,但由于宁波高职教育起步较晚,国际化发展还处于较低水平,导致其在国际交流中往往处于被动地位,合作双方缺乏对等的交流平台。

---

[1]　张慧波.宁波高职教育国际化实践探索与分析——以中外合作办学为例[J].职业技术教育,2014(2):62—65.

六、国际化教育质量认证体系尚未建立

衡量高职院校国际化水平,不仅仅停留在指标层面,而应建立国际化教育质量认证体系。目前,宁波尚未出台评估与认证国外教学机构教育质量与国际化能力的相关指标,这不利于高职院校扩大国际合作与交流,也无法保障国际化人才培养质量。同时,宁波高职教育国际化水平评价体系尚未建立,导致部分高职院校在开展国际化项目时无所适从甚至盲目扩张。

第四章　宁波高职教育国际化政策与案例研究

自高等教育国际化以来,宁波各大高校为跟上这一进程,陆续开设了一些具有国际化特征的学科专业,如国际贸易、国际金融等。越来越多的高校加大开设双语课程的力度,拨出专项经费支持双语课程建设。在师资建设方面,各高校还积极创造对外交流的机会,派本校教师走出国门学习、培训,以提高教师的教学、科研水平与外语水平。此外,一些高校还通过对外汉语教育课程传播中国传统文化,扩大中国文化的国际影响力。

除了引进、合作设计课程外,宁波高职高专院校也积极组织学生进行互访,为学生创造海外学习与考察机会,让学生接受国际课程的熏陶。此外,宁波城市职业技术学院与澳大利亚合作成立宁波 TAFE 学院,大力促进中职与高职一贯制教育体系的建立,重点引进职业技能课程体系。

第一节　宁波高职教育国际化政策和项目

一、宁波高职教育国际化政策

宁波地处长江三角洲南端,毗邻上海、杭州,城市发展的基本定位是建设现代化国际港口城市和长三角区域中心城市,这里国际教育需求旺盛,国际交流合作频繁。改革开放以来，宁波在全国率先建设了高教园区，引进建立了全国第一所中外合作大学——宁波诺丁汉大学。2008 年，宁波市召开"深化服务型教育体系"会议，根据宁波经济发展和产业结构需求，积极引进适合经济发展要求的国外高端培训机构和专业技术证书等，加快培养具有国际视野的高素质应用型技术人才。伴随着经济全球化和国际化的日益加深，高等教育走向全方位、多层次、宽领域的全面合作已成为必然，高等教育的对外开放和国际交流合作的范围与深度在继续扩大和不断深化。

2010 年发布的《国家中长期教育改革和发展规划纲要（2010—2020年）》提出，要"推动我国高水平教育机构海外办学，加强教育国际交流，广泛开展国际合作和教育服务"，"引进优质教育资源。吸引境外知名学校、教育和科研机构以及企业，合作设立教育教学、实训、研究机构或项目。鼓励各级各类学校开展多种形式的国际交流与合作，办好若干所示范性中外合作学校和一批中外合作办学项目。探索多种方式利用国外优质教育资源，吸引更多世界一流的专家学者来华从事教学、科研和管理工作，有计划地引进海外高端人才和学术团队。引进境外优秀教材，提高高等学校聘任外籍教师的比例。吸引海外优秀留学人员回国服务"。2013 年正式启动的国家级宁波教育合作与交流综合改革试验区，在提升区域性高职教育国际化水平，加快培养国际化高水平人才，推动现代化国际港口城市建设，服务国家战略需要等方面发挥了重要作用。以教育国际化推动教育现代化，服务现代化国际港口城市建设，已经成为宁波各级政府和学校的共识。2014 年召开的全国职教工作会议对加快发展现代职业教育作出了全面部署，指出在国际交流与合作方面，要探索和规范职业院校到国外办学，要鼓励骨干职业院校"走出去"，要培育一批具有国际竞争力的职业院校，服务国家对外开放政策。

宁波市作为长三角区域城市，交通便利，与外界交流频繁，且政府重视教育，更能主动出击，积极吸收优质的教育资源与国际交流合作项目。近年来，宁波市更是成为许多国外留学生前来交流学习的不二选择，这无疑表明了宁波市高等教育国际化的进展与水平。截至 2013 年年底，全市共开办中外合作办学机构和项目 32 个。2013 年全年引进外籍教师 946 人，接受外国留学生 2500 人。截至 2014 年 7 月底，宁波已累计为发展中国家教育行政部门官员、校长及教学骨干举办职业教育培训班 19 期，共有来自 69 个国家的 460 名学员接受了培训。[①] 在开展教师国外培训、学生互访、校际合作办学等方面稳步拓展，形式不断丰富，国别范围不断扩大。

二、宁波高职教育国际化项目

宁波高职教育国际化项目主要可以分为两大类，分别是"走出去"（见识外面精彩世界）和"引进来"（在家门口"留学"世界名校）。

宁波市在美国、澳大利亚、新加坡等地分别建立了教师培养培训、研修访问、"影子校长"基地，不断派遣专业教师学习深造，也因此大大拓宽了教师的国际视野，提高了教师的国际交流能力，从而增强了专业教学力量。

宁波市积极实施"引进来"策略，引进和学习国外先进的教育教学理念、办学模式、管理经验等。国际教育合作也是目前引进优质教育资源，让学生和教师不出国门就能享受国外优质教育资源的极佳途径。国际教育合作的主要表现形式包括中外合作办学以及引进优质的教学与科研项目。宁波诺丁汉大学是宁波高等教育国际化一个极好的示范。宁波诺丁汉大学营造全英语教学氛围，原汁原味地重现了英式教育，为宁波的莘莘学子打开了在家门口"留学"世界名校的通道，以远低于海外留学的费用，让学生不出国门就享受到世界一流大学的教育资源。

如果说宁波诺丁汉大学是将国外大学优质教育资源引入国内的典范，那么，"美国 AP 课程实验班"则是引入国外成熟的职业教育体系的重要成果。美国 AP 课程实验班于 2011 年 4 月正式启动，是由宁波外国语学校与美国纽约罗斯学校合作举办的高中课程教育项目。AP 是 advanced placement 的缩写，即大学先修课程，可以使高中生提前接触大学课程。目前已有来自 60 多个国家的 5000 多所大学认可 AP 为其入学标准或参考标准。引入美国 AP 课程，并将其与国内高中课程相互融合，有利于丰富高中教育课程，探索国际化人才的培养模式，以社会对教育的多样化需求推动教育的国际化。

2005 年以来，宁波教育部门始终以引进国际优质教育资源为着力点，从

---

① 齐小萍.高职院校"走出去"办学模式探索[EB/OL].[2016-05-05]. http://www.xzbu.com/9/view-7074872.htm.

美国、英国、德国、澳大利亚、加拿大积极引进和吸收先进的教育理念和育人模式,拓展国际合作办学领域,创新国际合作办学模式。如宁波职业技术学院与美国参数技术公司(Parametric Technology Corporation,PTC)合作,打造了国内首个 PTC 职业教育中心。

第二节　宁波高职教育国际化的实践案例

一、宁波城市职业技术学院与澳大利亚 TAFE 学院合作建立宁波 TAFE 学院

TAFE 是澳大利亚职业教育的主体,它是集学分积累、学历教育和专业领域技能培养为一体的立交桥式的教育和培训平台。在世界范围内的职业教育模式中,澳大利亚的 TAFE 体系是一种比较成熟的职业教育体系。TAFE 是澳大利亚一种独特的职业教育培训体系,它把学历教育与岗位培训联系起来,专门从事技术人员的学历教育。在澳大利亚,有 70% 的中学生选择学习 TAFE 课程。

(一)宁波 TAFE 学院运行概况

宁波 TAFE 学院于 2012 年 3 月 13 日成立,是浙江省首家中职与高职贯通的中外合作办学机构。学院由宁波城市职业技术学院、澳大利亚西悉尼技术与继续教育学院、宁波外事学校三方合作办学,属于宁波城市职业学院的二级学院。

宁波 TAFE 学院由宁波市教育局主管,决策机构是联合管理委员会,联合管理委员会成员为 9 人,由合作三方共同组成,其中,中方 6 人,外方 3 人,委员每届任期 3 年。三方的权责分别是:澳大利亚西悉尼 TAFE 学院负责提供优质的澳大利亚教育资源,包括课程包、师资、教育教学理念、教学评估和管理方法,同时颁发澳大利亚职业资格证书(1~4 级)和符合中国法律规定的澳大利亚西悉尼 TAFE 学院毕业证书;宁波外事学校负责学生前两年的教学组织与管理工作,承担部分专业基础课程的教学;宁波城市职业技术学院负责学生后三年的专业课学习,与西悉尼 TAFE 学院衔接沟通,承担

部分专业课程的教学,同时颁发宁波城市职业技术学院毕业证书。

宁波 TAFE 学院是一所全日制教育和继续教育并举、学历教育与技术培训并重,高中后高职教育与初中后五年制高职教育并存的专科层次、非独立法人资格的中外合作办学机构。该项目引进全套的澳大利亚职业教育体系课程和证书,在宁波实施 TAFE 教学,打造五年制的中高职贯通的新型中职教育模式。该项目以澳大利亚西悉尼 TAFE 学院的课程包为核心,以中方的中高职课程为补充。授课教师以澳方师资为主,专业核心课和 TAFE 英语都由澳方专业教师任教、考核,中方教师补充其他课程的教学。自 2012 年开始,宁波 TAFE 学院开设了金融管理与实务、市场营销、报关与国际货运三个专业并正式招生。

(二)宁波 TAFE 学院五年一贯制人才培养的主要做法

1.明确人才培养定位:培养国际化的复合型人才

宁波 TAFE 学院以"立足国际视野、培育国际化人才"为办学理念,致力于培养具备国际视野和全球意识,能熟练运用外语,具有良好的跨文化交流与沟通能力,了解国际交往礼仪和惯例,具备专业知识和技能,尊重不同国家的意识形态、文化、价值观、社会风俗和宗教信仰,能在跨国企业工作的复合型人才。

2.处理好中外课程、中高职课程的衔接

学校所有澳方课程用英语授课,中方专业核心课程采用双语教学、小班化教学。学生第一、第二学年在宁波外事学校接受文化基础课、英语强化课与专业基础课三部分课程的学习;第三学年通过 TAFE 英语三级(相当于雅思考试 5.5 分)考试后方可进入以澳方课程为主、中方高职课程为辅的专业核心课程体系的学习;第五学年在完成全部课程的基础上进行毕业论文设计,考核合格后颁发宁波城市职业技术学院和西悉尼 TAFE 学院文凭(或高级文凭)。澳方文凭、证书和学分在英联邦国家通用,学生毕业后,可直接申请赴澳大利亚、新西兰、英国以及瑞典等国家的部分高校就读本科课程。

(1)中外课程的衔接

TAFE 学院的各专业教学计划由中澳双方共同制订。目前,宁波 TAFE 学院的课程以澳大利亚西悉尼 TAFE 学院的课程包为核心,中方课

程为辅助,通过衔接的方式进行。澳方必修专业课程 20 门左右,共计 1600 课时;选修专业课程 4 门,共计 240 课时。中方承担基础课程和相关专业必修课程的教学。

中方与澳方课程的衔接,主要体现在三个方面。

第一,对引进的澳方课程进行本土化改造与提升。学院将整体引进的澳方 TAFE 课程包与宁波外事学校、宁波城市职业技术学院的课程进行对照重组,并根据宁波主导产业的发展需要,在课程内容中融入产业发展急需的专业知识,形成中澳课程内容有机结合的课程结构。如澳方市场营销课程包中的"市场概论"单元,在寻求细分市场、确定目标市场、找准目标客户、选择市场定位战略等内容的教学中,将知识能力标准与企业的人才素质要求相结合,学生不但熟悉了国外企业经营的相关法律、国际惯例等知识,同时提高了分析国内外市场的能力。课程考核方面,澳方课程按照澳方的考核要求,中方课程按中方的考核要求,均采取论文和笔试相结合的方式。

第二,将澳方承担的专业核心课与宁波外事学校承担的文化基础课、专业基础课有机衔接。按照教学计划,专业核心课程主要由澳方承担,基础课由中方教师参考澳方课程资源承担。专业核心课与基础课的衔接涉及师资、课程内容、教学方式、考核与评价等各个方面。为了做好衔接工作,学院在确定人才培养目标与制订教学计划时召集各专业负责人、三方合作学校的相关专业教师、行业企业代表等进行深入研讨,重点分析专业基础课与专业核心课的知识和能力目标,在课程内容的教学上进行有机衔接,同时在师资配备、教学方式、考核与评价等方面提前做好衔接工作。

第三,澳方承担的专业核心课程与宁波城市职业技术学院承担的专业核心课程相衔接。专业核心课程以澳方的课程为主,以宁波城市职业技术学院的课程为补充,形成中澳双方互补的专业核心课程体系。如市场营销专业的 27 门专业核心课程中,"市场分析""特定市场消费者行为分析"等 23 门课程的教学由澳方承担,"电子商务实务""商务谈判与推销技巧"等 4 门课程的教学由宁波城市职业技术学院承担。澳方的课程侧重市场营销的国际化理论与实践,宁波城市职业技术学院的课程侧重国内政策和实务操作。

(2)中高职课程的衔接

中职课程与高职课程的有机衔接是 TAFE 学院五年一贯制人才培养的

核心内容。根据人才培养方案及宁波城市职业技术学院中澳合作职业与继续教育学院章程,重点是做好宁波外事学校专业基础课程与澳方和宁波城市职业技术学院专业核心课程的衔接。

　　课程以"2+3"的模式进行,前两学年为中专阶段,宁波外事学校是中职课程的实施主体,以强化英语学习,辅以相应专业课程的学习;英语教学以澳方派遣的优秀师资为核心,以中方英语教师为补充,每周英语教学时间为20 小时。后三学年为大专阶段,澳方与宁波城市职业技术学院是高职阶段课程的实施主体,双方通过对相关专业人才的需求分析,以中高职阶段分别应该具备的知识能力标准为依据开发中高职贯通的课程,制定专业基础课程与专业课程的衔接方案,使中高职课程有机衔接。如"市场营销基础"与"市场调研"两门专业课程,"市场营销基础"的课程目标是完成市场要素分析、市场调查,熟悉目标市场选择、营销策略选择、市场推广计划实施等基本业务操作;"市场调研"的课程目标是能运用科学方法实施市场调研,整理和分析调研数据,撰写调研报告。因此,它们在知识和能力目标上是递进关系,"市场营销基础"是学习"市场调研"课程的基础性课程;在课程内容上是前后衔接的关系。

　　3.强化培养过程中的课证融合和工学结合

　　TAFE 学院人才培养实行课证融合,相关课程内容与澳方的证书等级相对应。如 TAFE 英语等级考试,学生学习一年英语课程后进行 TAFE 英语二级考试,在第五学期结束后进行 TAFE 英语三级考试,取得 TAFE 英语三级证书后才能进入澳方专业课程学习。同时,将相关职业资格标准引入专业课程学习和学生实践训练中,如市场营销专业的学生毕业即取得营销师(三级)国家职业资格证书。

　　TAFE 学院人才培养注重工学结合,在教学计划中强化实训课程教学和企业实践,如市场营销专业的"ERP 沙盘模拟实训"课程教学安排在学生毕业综合实践阶段,要求学生学以致用,将所学专业知识与岗位实践有机结合。

　　4.妥善处理学生升学与就业的关系

　　五年一贯制人才培养要满足学生多向选择的需要,也就是要处理好学生的升学与就业的关系。

第一,要处理好学生毕业就业与继续修读的关系。学生学完教学计划中的规定课程,并达到中澳双方规定的最低毕业学分要求,同时获得一份职业能力证书,即可获得中澳双方颁发的毕业证书,文凭、证书和学分在英联邦国家通用。学生毕业后有双重选择:一是选择就业;二是选择去澳大利亚西悉尼 TAFE 学院合作的大学继续修读本科、研究生课程,或申请赴澳大利亚、新西兰、英国以及瑞典等国家的部分高校就读本科课程。

第二,要处理好学生学完中职课程后的分流问题。对学完两年中职课程后不愿继续进行高职阶段学习的学生,可将其分流到相对应的大类专业继续学习,三年学习期满考核合格后颁发中职毕业证书,让学生就业。对通过 TAFE 英语三级考试的学生,则可安排其学习高职阶段专业课程,修完规定学分后授予中澳双方毕业证书。

(三)宁波 TAFE 学院人才培养的主要成效

1. 推进了区域现代职业教育体系建设

五年一贯制人才培养方式有助于解决中高职课程重复、课程衔接不紧密以及学生后续发展选择面较窄的问题,避免"3＋2"模式存在的教学缺乏统筹、协调不畅等问题,对推进区域现代职业教育体系建设、提升职业教育发展水平具有示范作用。

2. 提升了宁波的职业教育质量

宁波 TAFE 学院整体引进澳方的金融管理与实务、市场营销、报关与国际货运等专业的优质教育资源,如先进的教学理念和管理理念、课程包、师资、教材等。通过澳方的课程包和与澳方教师的共同教学、共同研讨,使中方教师了解国际先进的教学理念和教学方法,澳方英语教师和专业教师通过英语课程、专业核心课程的教学,营造了良好的国际化教学氛围,优化了学生学习方式。因此,国际优质职业教育资源的引进和整合,提升了宁波职业教育质量。

3. 更新了教学理念,改变了学生的思维方式

一是以学生为本的理念得到了充分体现。在教学目标方面,充分发挥学生的自主学习能力,培养学生的创新意识、批判思维能力、合作学习能力,在职业愿景的引导下不断优化学生的学习状态。在评估与考核方面,实施

多元评估,承认学生的个体差异,关注学生习惯养成、能力提升的过程,关注学生成长;书面成绩不再作为主要评价标准,课堂问答情况、作业完成量、师生对话情况等均作为重要评价指标。在教学方式上,采用项目教学的模式,教学内容贴近生活、关注热点、关注时事,能抓住学生的兴奋点;师生互动更为热烈,学生参与度高,摒弃了传统的填鸭式教学,学生操练机会更多,学习效果更显著;尊重个体差异,强调课后辅导,并把辅导作为教学常规的一部分;班级授课采用5人一组、"工"字排列的方式,强化合作、交流和互助,培养学生的创新精神。

二是改变了的学生思维方式。TAFE学院的学生在近两年的学习中发生了很大改变:学习主动性不断增强,喜欢提问、喜欢质疑,会用批判性思维看待问题;明确了学习目标,更加自信。如金融专业的一位学生说:"对TAFE金融专业,我喜欢到了极点。我每天都期待上课,期待老师每一次的作业,每当抱起厚厚的英语词典查单词时我都很开心。"另一位学生说:"如果说三个月前的我没有目标,那么现在我知道了以后的路该怎么走;如果说三个月前的我还不知道如何学习,那么现在我明白了什么叫自学。"通过在TAFE学院的学习,学生增强了跨文化合作能力,拓宽了国际视野,学会了包容、尊重别国文化,表现出更自信、更阳光、更独立的性格特征。

2014年,作为宁波市建设国家职业教育与产业协同创新试验区的首个重要支撑项目,宁波TAFE学院专门设立的校区在杭州湾新区正式开建,由宁波市教育局与杭州湾新区管委会共建共管,项目计划总投资7亿元,规划总用地487亩,设置150个班级,容纳5500名学生,其中国内学生5000人,外籍学生500人。建成后的宁波TAFE学院新校区将以五年制高职为主体,兼容初中起点三年制中职和高中起点三年制高职。学院将整合和利用国内外丰富的教育资源,以英语、日语、德语、法语、韩语、西班牙语等10个外语语种为依托,重点引进至今已有100多年历史、特色鲜明的澳大利亚职业教育课程体系,以及德国"双元制"教育、英国BTEC课程、美国社区教育等体系,开设文化艺术、对外交流等领域的专业课程,为学生多方向择业、多路径成才搭建"立交桥"。该项目将实现中高职无缝对接,对于宁波高职教育国际化来说,是一个重要突破,已经成为全国职业教育体制创新和职业技术国际化人才培养中的一个亮点。2016年11月,宁波TAFE学院新校区迎来首批学生,校内建设有产教协同创新中心、创客俱乐部以及文化传媒、演艺、国际电子商务产业孵化园,以专业群优势为纽带,产教融合,形成资源聚合平台和跨界发展平台。

二、浙江纺织服装职业技术学院与韩国大邱工业大学合作开设人物形象设计专业

人物形象设计专业高等专科教育项目由浙江纺织服装职业技术学院与韩国大邱工业大学合作开办,自 2012 年起正式批准实施,主要培养具有良好的时尚服务职业素质,具备国际视野与先进的人物形象设计理念,熟练掌握各种不同类型的化妆设计、发型设计及人物整体造型设计技能,熟悉现代化妆美容企业经营管理,拥有较强的韩语应用能力,能适应现代人物形象设计岗位要求的高素质、高技能应用型人才。

该项目的教学管理由合作双方派员成立的"浙江纺织服装职业技术学院与韩国大邱工业大学合作举办人物形象设计专业专科教育项目管理小组"负责。韩方负责在实施课程教学的至少两个月前为中方提供课程的教学大纲及教材样本,中方负责学生的管理与教学的组织实施。该项目的教学按照合作双方认可的教学方法进行,所有的课程均为面授,韩方教师用韩语或中韩文双语教学,如有需要,课程可以采用集中授课的方式实施。

为保证项目质量,合作双方共同设计教学大纲、分享教材,交换课表,交换考试试卷和学生作业,项目管理小组还可以预先检查并核实双方的教学设施。

该项目引进韩方的一整套教学计划,同时结合中国人物形象设计同类专业的相关必修课程,开设"韩语""计算机文化基础""人物素描""专业韩语""化妆设计技术""发型盘发技术""形象色彩设计""舞台化妆""服饰搭配""服装制作与工艺""手工饰品制作""立体造型"等课程。中方教师共享浙江纺织服装职业技术学院师资,外方教师则共享韩国大邱工业大学师资。在教学设施方面,该项目配有独立的服饰造型设计实训室、化妆实训室、发型实训室、美容实训室、摄影实训室、语音室、多媒体教室等先进的教学设施。所有课程的教学全过程接受严格的动态监督和评估。项目学制为全日制 3 年,学生可以 3 年都在中方学习,也可以选择第 3 年到韩方校园学习。3

年都在中方学习,考核合格即获得浙江纺织服装职业技术学院颁发的普通高校(高职)毕业证书和大邱工业大学颁发的美容艺术写实性学业证书;选择第 3 年在韩方学习并修满 40 学分,韩国语能力水平达二级以上的学生,另增授美容艺术专门学士学位(副学士)证书。

人物形象设计专业对所培养的学生有着极具特色的要求。首先,在知识结构方面,要求培养的学生具有一定的美学知识和艺术设计基础知识,具有一定的计算机、语言文字处理、外语等通用知识,熟悉人物形象设计行业人员和岗位要求,掌握化妆设计、人物整体造型设计等岗位所需的设计原理及管理知识,了解全球化背景下人物形象设计行业的发展趋势与潮流。其次,在技能结构方面,要求培养的学生具有从事化妆设计、人物整体造型设计的岗位技能,掌握较强的计算机操作、文字处理、人际沟通以及职业外语表达技能,具有提出问题、分析问题和解决问题的基本能力以及自我发展的能力,具备一定的组织协调、项目管理与创新能力。最后,在专业素养方面,要求培养的学生具有较强的服务意识、良好的心理素质和诚实守信、吃苦耐劳的品格,敬业、负责,有团队协作精神,具有从事人物形象设计专业所需的职业意识以及创新意识。

三、宁波职业技术学院"中国职业技术教育援外培训基地"开展的职业教育援外培训

援外人力资源培训是中国对外援助工作的重要内容,是新时期中国开展对外人文交流的重要方式。秉持"授人以鱼不如授人以渔"的宗旨,援外培训以研讨、研修、培训的形式为发展中国家传授管理知识和先进的科技产业技术,提供中国经济发展中的经验,以增强自身的发展能力,培养高素质人才。同时,援外培训所承担的不仅是国际经济交流与合作的重要责任,还肩负着传播中华优秀文化、促进世界和谐发展的光荣使命。援外培训通过人力资源开发培训,尤其是对发展中国家政府高级官员的培训,增进中国人民同其他发展中国家人民之间的了解和友谊,服务于国家对外工作大局。

2012 年 6 月 8 日,商务部"中国职业技术教育援外培训基地"落户宁波职业技术学院,商务部副部长为"中国职业技术教育援外培训基地"授牌。新华网、浙江教育频道、网易新闻、腾讯新闻、宁波日报、宁波电视台等主流媒体均在第一时间予以报道,扩大了学院援外培训的影响。通过国际培训,宁波职业技术学院积极探索创新,不断积累经验,圆满完成国家对外援助任务,为服务国家的政治和外交政策作出了积极的贡献。

该援外培训项目主要针对发展中国家职业教育主管部门和院校领导开展职业教育培训工作,并在宁波外经贸局的指导和帮助下对中国企业在海外投资分布情况开展调研,开设有针对性的培训项目,为宁波乃至中国企业"走出去"服务,为中国企业海外发展搭建桥梁、培养人才。

此外,宁波职业技术学院通过选派教师出国培训进修、合作开发职教课程、引进海外专家团队、实施海外短期课程等国际交流项目,把援助发展中国家培训项目作为国际教育交流合作的主要载体与驱动力,提高该项目的国际化水平与影响力。宁波职业技术学院作为商务部援外项目承办单位之一,受商务部委托,于2007年11月承办首期"发展中国家港口管理官员研修班",取得了较好的效果和反响。之后,于2009年11月开始承办"发展中国家职业教育管理研修班"。截至2015年年底,共举办援外研修项目56期,培训学员1174名,遍布107个发展中国家,培训项目得到了商务部、中共中央对外联络部以及受训国学员的高度认可,增强了中国职业教育和港口物流的国际影响力,提高了宁波高职教育国际化水平。

四、浙江纺织服装职业技术学院与英国索尔福德大学共建中英时尚设计学院

作为宁波高职教育国际化的又一个典型案例,浙江纺织服装职业技术学院中英时尚设计学院(索尔福德时尚设计学院)由浙江纺织服装职业技术学院与英国索尔福德大学共同创建,于2015年正式成立并招收首届学生。中英时尚设计学院非独立设置,不具备独立法人资格,是浙江纺织服装职业技术学院下属的二级学院,实施高等专科教育。

浙江纺织服装学院自2011年起,与英国10余所高校建立了长期的良好的合作关系。2011年3月,宁波市纺织服装产学研技术创新联盟与英国伦敦时装学院、曼彻斯特都会大学等12所高校成立了"中英纺织服装产学研合作中心",该中心的资源共享给宁波市纺织服装企业。此后,在该院和英国大使馆文化教育处的共同努力下,成功举办了中英产学研合作论坛,组织了中英企业与院校之间的互访和对接、中英纺织服装院校时装作品动态和静态展示发布会,在中英合作办学、课程开发创新、学生互换、教师交流进修、企业设计师培训等方面也卓有成效。

中英时尚设计学院的成立初衷是引进和利用国外优质教育资源,借鉴国际先进教育思想、办学理念、教学方法和管理经验,通过中外合作办学提高学院人才培养水平,为地方产业发展培养紧缺性人才,更好地为地方经济发展服务。中英时尚设计学院的成立旨在输出英国索尔福德大学在高层次应用型人才培养方面的优质教育资源,包括先进的课程体系、教学内容、教学方法、教学评估模式和管理模式等,促进人才培养和学术交流,推动合作双方在高等教育领域的交流。

中英时尚设计学院首期开设服装设计、服装营销与管理、服装陈列与展示设计三个专业;按照英国高校体系和教学评估体系,建立符合双方标准的教学质量管理体系,制定透明、兼容的教学质量标准;合作双方共同制定和实施人才培养方案,并各派代表组成专业教学管理委员会,全面负责项目的实施和管理,包括教学管理、质量监控和教学评估、考试组织工作,明确考核标准和考核方式。

第三节　宁波高职教育中外合作办学实践的主要特征

一、以引进国外优质教育资源为主

中外合作办学以引进国际优质教育资源为核心,积极提升和增强国内办学水平与实力。目前,宁波市中外合作办学的优质资源有两类:一类是选择国际先进专业开展合作,如宁波 TAFE 学院、宁波城市职业技术学院、宁波工商职业技术学院与澳大利亚 TAFE 学院合办会计学、国际商务等金融类专业,澳大利亚会计学等金融类专业在国际上有较大影响力,其专业标准、课程体系、质量保障体系、资格证书体系完备,值得借鉴。另一类是选择国内较为薄弱的专业与因行业特色闻名世界的国家开展合作,如浙江纺织服装职业技术学院与韩国大邱工业大学的合作。

二、以专业层面的项目合作方式为主

宁波高职院校目前开展的合作办学项目中，大多是在专业层面开展合作，有效利用国际优质资源，结合宁波发展特色，打造国际化的专业品牌，培养符合宁波产业经济发展需要的国际化人才。

三、为学生提供出国深造的通道

无论是中外合作办学机构还是中外合作办学项目，都给学生提供了出国深造的通道，如宁波 TAFE 学院学生毕业后可直接申请赴澳大利亚、新西兰、英国以及瑞典等国家的部分高校就读本科课程，获得学士学位；浙江纺织职业技术学院学生在第三学年可申请去韩方合作学校学习，若修满 40 学分、韩语能力达二级以上，可获得韩国学士学位（副学士）证书。

结语：宁波高职教育国际化发展的政策建议

一、加强高职教育国际交流与合作的发展规划和战略管理

宁波市应积极贯彻《国家中长期教育改革与发展规划纲要（2010—2020）》，对宁波高职院校国际交流与合作的发展定位、发展重点、发展模式、发展措施、相关政策等做出明确规定。同时，制定发展规划，对宁波高职教育国际交流与合作的未来发展做好统筹安排。

第一，加强宁波市高职院校领导队伍建设，集中培养一批专业带头人和骨干教师，培养高水平国际化技能型人才。针对高职院校国际交流与合作具有领导推动型发展模式的特点，以及教师和学生总体需求水平和积极性偏低的现状，宁波市应采取必要的扶持措施，实施若干重大专项，通过国际交流与合作，进一步加强高职院校领导队伍建设，争取为每所院校打造一支老中青结构合理、具有国际视野和国际交流合作能力的管理团队。同时，采取激励措施，将"引进来"与"走出去"相结合，围绕高职重点建设专业，集中培养一批学科带头人和中青年骨干教师；创造机会，提供条件，进一步提高学生的国际交流与合作能力。

第二，稳步实施宁波市高职教育"走出去"战略，推动宁波市高职教育走向国际市场，提供教育服务，主要走向周边市场、非洲市场和拉美市场。具体而言：首先，为服务国内企业对外投资需要，高职院校应主动与有关企业

结成合作伙伴,深入企业投资地办学,培养当地技术人才,或为企业定向培养国际化人才。其次,加快课程开发、专业建设、质量保障和管理服务,与目标市场国家相关院校建立合作关系,积极招收国际留学生,扩大高职院校的国际生源。再次,面向主要战略市场,有针对性地为有关国家提供职教管理人才和技能人才培训。最后,对宁波市高职院校招收留学生和开展国外办学的相关专业实施认证和注册管理,确保宁波市高职教育国际发展质量。通过实施高职"走出去"战略,提高宁波市高职院校国际合作能力,推进区域人力资源开发,推动经贸发展,传播中国优秀文化。

第三,加强校本规划和战略管理,主动开展有目的、有意义、有成效的国际交流与合作。为克服工作的盲目性和随意性,避免"被合作",宁波高职院校应建立国际交流与合作战略管理制度。一方面,制定国际交流与合作校本规划和长远发展战略,有计划、有目的地开展针对性工作;另一方面,努力将国际交流与合作战略规划同学校总体发展规划结合起来,同学校总体工作结合起来,避免国际交流与合作同学校总体工作脱节。围绕学校整体发展规划特别是专业建设规划,开展国际合作,努力使国际合作与学校整体发展规划相一致;通过制定校本规划,明确学校为什么开展国际合作、希望与谁开展国际合作、准备如何开展国际合作等问题;对未来一段时间内国际交流与合作的主要目标、重点领域、具体措施等做出详细安排;避免为了国际合作而合作,或者为了出国访问而合作,更要避免被动参与国际合作,被外方利用。

二、加强高职院校国际交流与合作的能力建设

第一,加强宁波市高职院校国际交流与合作队伍建设。首先,实施高职院校领导海外培训项目,在短期集中培训基础上开展针对性专题培训,在选派部分高职院校领导赴国外培训的同时,邀请国际专家到国内开展培训;在组织部分高职院校领导参加国外院校培训的同时,安排其参加国外企业和行业培训。其次,设立高职院校专业带头人和骨干教师海外培训专项计划,选派中青年骨干教师出国培训,或邀请国外专家来国内授课,集中力量培训一批专业带头人和骨干教师;集中围绕宁波市高职教育重点建设专业对专业带头人和骨干教师实施小规模、多批次、较长周期的海外专题培训,或由政府提供专门资助，鼓励骨干教师去外国高校进修。再次，开展宁波市高职院校学生海外实习或见习专项试点，支持高职学生海外实习或见习；加强管理，建立学生海外实习或见习的质量保障机制，保护学生的合法权益。

第二，健全宁波市高职院校国际交流与合作相关制度。支持高职院校尽快健全国际交流与合作管理机构，拨出专项预算，配备专职工作人员，并为专职工作人员的专业发展提供政策便利。建立年度培训制度，实施高职院校管理队伍国际交流与合作能力建设专项计划。对宁波市高职院校国际交流与合作管理队伍进行系统培训，3年内至少为每所高职院校培训1名国际交流与合作专业骨干人员。支持有条件的高职院校开展针对性的国外培训。

第三，构建宁波市范围内高职教育国际交流与合作的服务体系，打造服务平台。首先，建立健全宁波市高职院校国际交流与合作信息平台，建立高职教育发展信息和市场信息需求沟通渠道，及时提供专业化信息服务，定期发布宁波市高职教育国际交流与合作发展报告。其次，建立健全高职院校外籍教师聘用与管理服务平台，为高职院校聘请外籍教师提供专业服务。再次，建立健全高职院校学生海外实习服务网络，为高职院校学生海外实习提供专业化服务和管理。

三、深化高职院校中外合作办学，办出特色和成效

高职院校中外合作办学是一项系统工程，有关部门首先要做好规划引导，同时鼓励模式创新，重点关注质量保障，既要坚持标准，把好入口关；又要健全制度，突出过程监管；还须关注教学结果，把好出口关。

第一，创新模式，深化高职院校中外合作办学。目前，开展中外合作办学是宁波市高职院校的普遍需求，但是宁波市高职院校中外合作办学的成效并不突出，主要是引入的海外教育资源不理想，对高职院校专业建设、学科发展的促进作用不明显。建议高职院校加强管理，创新模式，努力办出特色、办出成效。比如，制定中外合作办学发展规划，明确合作办学的发展方向、目标和重点领域；规范并公开中外合作办学的审批程序，实行总量控制、公开答辩、竞争立项、合同管理。除了引进国外院校优质教育资源或特色专业外，还要积极探索与企业特别是跨国企业的合作模式，建立"中方院校—

外方院校—跨国企业"或"中方政府—中方院校—外方院校—跨国企业"等多方合作模式。高职院校开展中外合作办学,必须将之纳入学校整体发展规划,尤其是专业建设整体规划;要将之融入学校整体发展之中,而不是成为学校内一个相对独立的特殊项目,更不是成为外方院校的招生堡垒或留学前的预科教育。坚持以我为主的方针,有计划地选择和引进学校长远发展所需要的海外教育资源,有目的、有针对性地开展合作办学。同时,以中外合作办学为平台,扩大全校教师和学生的国际交流面,提高参与率。总之,对宁波高职院校而言,开展中外合作办学只是手段,并不是目的。真正的目的是引进优质教育资源,加快自身能力建设,提高整体发展水平和可持续的竞争力。

第二,加强质量管理,保障中外合作办学质量。高职院校中外合作办学中,教育资源和教学管理等存在跨国流动的特点,如何实施有效管理,如何确保教育教学质量,是高职院校面临的现实问题。为此,建立健全校内外质量保障机制,不仅有必要,而且很迫切。具体应抓好三个环节:首先,坚持高标准,引进优质教育资源,把好入口关;抵制劣质教育资源进入国内市场,抵制外方院校在国内开展连锁经营式的中外合作办学。其次,建立中外合作办学教学评估制度、年度报告制度、信息公开制度和学费保障制度,突出过程监管;实施中外合作办学合同管理制度,对于违反合同的办学项目及时中止合作;政府授权专业机构进行中外合作办学资格认证,学校自愿参加,认证结果及时对外公布。再次,对中外合作办学颁发的文凭和证书进行认证,外方颁发的相关证书需得到其母国权威机构认可,把好出口关。此外,还应采取相关措施加强宁波高职院校对外教育服务质量保障,以免宁波高职教育服务品牌信誉受损。

四、稳步推进国际化,构建国际化职教体系

第一,建设宁波市国际职业技术学院。进一步深化宁波市 TAFE 学院建设,完善课程体系,扩大培养规模。以宁波市 TAFE 学院为基础,建设宁波市国际职业技术学院,将宁波市打造为国际化职业教育项目集聚高地。

第二,建设宁波市援外职业教育集团。以宁波职业技术学院为龙头,整合优势资源,建设宁波市援外职业教育集团,协同开展援外培训,打造宁波

市职业教育援外培训品牌。宁波高职院校以援外基地为平台推动职业教育
"走出去"应该着重考虑四个方面的问题。一是要充分考虑政府援助的主导
作用。"走出去"办学涉及的国民教育、文化传播、外交工作等诸多方面，很
大程度上属于政府的职能范围。海外办学面向的是全球市场，不仅涉及国
内教育体系的推广和质量保障问题，而且涉及国内外教育衔接与管理问题，
没有政府的主导和协调就无法有效推进。政府主导作用包括外交协调、审
批管理、校长和骨干师资选派与管理、运行经费保障、质量管理等。二是要
充分调动受援国政府合作办学的积极性，获得受援国政府的支持，这是职业
教育"走出去"办学取得成功的关键。三是要加强合作院校的共同管理。援
建院校的管理制度、运行机制必然受到受援国相关政策和文化的影响。因
此，高职院校在"走出去"办学的过程中，一方面要将我国职业教育管理的成
功经验应用于援建的院校；另一方面要充分了解受援国政策环境和文化环
境，避免援建院校由于管理问题而中断合作。中外双方要共同商定院校管
理制度及运行模式，共同管理援建院校，这是"走出去"办学的机制保障。四
是要重点培养高职院校教师的跨文化交际能力。高职院校"走出去"办学最
终由教师来实施，只有教师具备海外工作与教学的能力，"走出去"战略才能
更好地落实。在"走出去"办学过程中，由于文化差异、语言障碍以及生活习
惯的不同等，援建教师会面对各种挑战，高职院校需要重点培养教师的跨文
化交际能力，如增强教师的外语运用能力、跨文化理解能力等。

　　第三，建设国际化重点发展项目。鼓励和支持职业院校加入《悉尼协
议》等国际认证体系，使每所高职院校有 2 项以上紧密型中外合作办学项
目，20 所以上职业学校有 1 项以上紧密型中外合作办学项目。

　　第四，举办中国现代职业教育国际论坛。每年定期举办国际论坛，搭建
国际交流与合作平台，推进国际优质职教资源落地宁波；推广宁波职业教育
改革创新经验，发挥示范区的辐射效应。

参考文献

[1] Asa S. Knowles. The International Encyclopedia of higher education[D]. San Francisco:Jossey Bass Publishers,1977.

[2] [英]伯顿·R.克拉克.高等教育系统——学术组织的跨国研究[M].王承绪,等译.杭州:杭州大学出版社,1994.

[3] Van der Wende M. Internationalization policies:about new trends and contrasting paradigms[J]. Higher Education Policy,2001(14):249-259.

[4] 陈保荣.我国高等职业教育国际化发展及对策研究[J].职教论坛,2012(1):15—18.

[5] 陈学飞.高等教育国际化:跨世纪的大趋势[M].福州:福建教育出版社,2002.

[6] 陈学飞.高等教育国际化——从历史到理论到策略[J].上海高教研究,1997(11):57—61.

[7] [美]大卫·科伯.高等教育市场化的底线[M].晓征,译.北京:北京大学出版社,2008.

[8] 戴小红.高职院校教育国际化动因、内涵与路径选择[J].黑龙江高教研究,2012(6):81—84.

[9] 顾明远.教育大辞典:第三卷[Z].上海:上海教育出版社,1991.

[10] 国家教委职业技术教育司,国家教委职教中心研究所.关于"世界

银行贷款职业技术教育项目"完成情况的评价[J].中国职业技术教育,1996(1):7—10.

[11] 何东昌.中华人民共和国重要教育文献[M].海口:海南出版社,1998.

[12] 贺继明.高职教育国际化发展战略的探析[J].教育与职业,2009(5):26—28.

[13] 胡忠喜.高职教育国际化探析[J].中国成人教育,2013(17):22—25.

[14] 黄华.高职院校开展国际交流与合作的战略分析[J].职业技术教育,2011(22):45—48.

[15] 黄进,胡甲刚.国际化·现代化·本土化——新世纪高等学校的办学方向[J].国家教育行政学院学报,2003(1):66—71.

[16] 黄日强.澳大利亚高等职业教育的国际化[J].外国教育研究,2003(7):51—55

[17] 金旭东.从高等职业教师专业化发展视角谈职教师资的海外培训[J].中国成人教育,2008(13):83—84.

[18] 金一鸣.中国社会主义教育的轨迹[M].上海:华东师范大学出版社,2000.

[19] 李春红.高等职业教育人才培养国际化目标模式的探讨[J].教育理论与实践,2005(10):27—29.

[20] 李德正.对高职院校实现教育国际化改革的初探——以广西英华国际职业学院为例[J].太原城市职业技术学院学报,2012(4):24—26.

[21] 李芹.高校研究生教育国际化评价指标体系构建研究[D].南京:南京农业大学,2010.

[22] 李庆霞.全球化视域中的文化本土化研究[J].社会科学战线,2007(1):44—46.

[23] 李盛兵.大学国际化评价指标体系初探[J].华南师范大学学报(社会科学版),2005(6):113—116.

[24] 李滔.中华留学教育史录:1949年以后[M].北京:高等教育出版社,2000.

[25] 李霆鸣.新加坡高职教育国际化特征[J].职教论坛,2008(2):51—53.

[26] 刘道玉.大学教育国际化的选择与对策[J].高等教育研究,2007(4):6—10.

[27] 刘佳.论高等教育国际化进程中的教育资源流动[J].现代远距离教育,2006(2):12—14.

[28] 刘建同.30 年中国职业教育对外交流与合作[J].职业技术教育,2008(10):55—57.

[29] 刘建同.关于世界银行两个职业教育贷款项目的回顾与总结[J].中国职业技术教育,2004(2):20—22.

[30] 刘金存,贾生超,赵明亮.德国高职教育国际化发展的经验借鉴[J].职业技术教育,2015(9):74—77.

[31] 刘京辉.德国高等教育国际合作广泛活跃[J].中国高等教育,2005(9):46—47.

[32] 刘来泉.中德职教合作十年——成果与展望[J].中国职业技术教育,1995(2):43—44.

[33] 刘兰平,李悠.知识经济与高职教育国际化发展策略[J].职业技术教育(教科版),2002(4):10—13.

[34] 刘伟.澳大利亚 TAFE 学院国际化策略浅析[J].职业教育研究,2012(10):172—174.

[35] 苗丹国.出国留学六十年:当代中国的出国留学政策与引导在外留学人员回国政策的形成、变革与发展[M].北京:中央文献出版社,2010.

[36] 唐轶.欧洲高等教育一体化研究[D].南京:南京理工大学,2004.

[37] 汪春莲.湖北省高职院校来华留学生招生现状与对策研究——以武汉职业技术学院为例[J].武汉职业技术学院学报,2014(6):18—22.

[38] 王通信.人才国际化论纲[J].行政与法,2007(1):3—7.

[39] 王尧.3200 万美元国际贷款支持云南职教[N].中国青年报,2009-01-15.

[40] 魏能涛.中国出国留学潮 25 年决策揭秘[J].北京档案,2004(8):38—39.

[41] 吴全全.职业教育国际合作的成效研究:定位、功能与组织——关于中德高等职业师资项目成果探究的启示[J].职教论坛,2011(5):69—73.

[42] 项贤明.比较教育学的文化逻辑[M].哈尔滨:黑龙江教育出版社,2000.

[43] 徐国祥,马俊玲,于颖.人才国际化指标体系及其比较研究[J].上海财经大学学报,2006(3):85—90.

[44] 徐洁.我国中外合作办学的现状及其存在的问题[J].中国高教研究,2003(10):59—61.

[45] 玄成贵.高等职业教育国际化人才培养战略研究[D].天津:天津大学,2009.

[46] 杨德广.经济全球化与教育国际化[J].中国高教研究,2001(4):25—27.

[47] 杨旭辉.高等职业教育国际化:内涵、标准与策略[J].中国高教研究,2006(12):64—65.

[48] 尤碧珍.欧盟国家高等教育国际化研究[D].济南:山东师范大学,2006.

[49] 于富增,江波,朱小玉.教育国际交流与合作史[M].海口:海南出版社,2001.

[50] 藏玲玲.我国高等教育本土化研究述评[J].现代教育管理,2013(3):12—15.

[51] 张国强.高等教育中外合作办学的历史与反思[J].高教发展与评估,2006(1):36—38.

[52] 张华英.人才国际化与国际化人才培养[J].福建农林大学学报(哲学社会科学版),2003(6):81—83.

[53] 张慧波.助力"一带一路"国家战略实施[N].光明日报,2015-06-02(15).

[54] 张慧波.宁波高职教育国际化实践探索与分析——以中外合作办学为例[J].职业技术教育,2014(2):62—65.

[55] 赵蓉,王廷.浙江省高等教育国际化的现状、机遇、挑战和对策分析[J].宁波大学学报(教育科学版),2012(6):84—87.

［56］职芳芳.澳大利亚高等职业教育国际化办学模式研究［D］.开封：河南大学,2013.

［57］《中国教育年鉴》编辑部.中国教育年鉴（1949—1981）［M］.北京：中国大百科全书出版社,1984.

［58］周川.简明高等教育学［M］.南京：河海大学出版社,2002.

附录 宁波职业技术学院援外培训工作总结报告(2015—2017)

2015 年宁波职业技术学院援外培训工作总结报告

2015 年,宁波职业技术学院援外工作年培训人数首次突破 300 人,共有来自 50 个国家的 305 名学员来校受训,其中包括 80 余名来自埃及、阿塞拜疆、格鲁吉亚、斯里兰卡等"一带一路"沿线国家学员。也正是在 2015 年,宁波职业技术学院的援外学员总人数突破千人,自 2007 年以来高质量完成了 56 期发展中国家港口管理、职教管理和汽车产业研修班,培训了来自 107 个国家的 1174 名学员。作为全国唯一的职业技术类援外培训基地,学校始终秉承"授人以鱼不如授人以渔"的理念,坚持并不断深化产教融合、地校合作、协同创新,积极拓展职业教育对外援助,增强发展中国家软实力,赋予对外援助新内涵,提升中国高职教育国际影响力,助力国家"一带一路"建设,助推中国企业"走出去"。

一、援外培训工作特色

(一)职教育人实训,建设学习型组织

为保障援外培训各项工作顺利开展,构建系统而有职教特色的援外培训管理模式,学校结合实际情况,大胆创新,将援外项目与学校育人工作相

结合,积极贯彻落实并践行"做中学,学中做"理念,将每次援外培训项目设计分解成若干真实的实训项目。设立"跨文化交流使者工作坊"(International Project Promotion,IPP),以援外项目为载体,让不同专业学生参与援外培训项目的生活管理、课堂服务、日常翻译、资料设计整理、摄影摄像、中国元素体验等各个环节。本着不断学习、为团队服务的精神,组织学生内部建立完善的"自我学习机制"——在工作中学习、在学习中工作,形成了"责任教师指导—学生情景实习"的机制。一方面,工作坊的学生经过培训后投身于每期的援外培训项目中,英语口语能力及处理事务的综合能力得到大大提升;另一方面,学生们也成为中外友好使者,与学员建立了深厚的友谊,让学员们对中国职业教育的育人模式有了更深刻的体会和理解。调研显示,96.79%的学员觉得学生志愿者的责任感强,98.43%的学员觉得学生志愿者服务质量高。

(二)整合教学资源,提升培训质量

为提高援外培训项目质量,学院整合教育资源,创建了援外培训项目教学师资管理资源库,邀请国内职教领域的知名专家学者,以及具有典型办学特色的中高职院校的校长,组成讲师团,努力将中国先进的职业教育、港口管理和汽车产业理念及经验与各国学员分享交流。作为商务部援外培训基地,学校不仅承担短期管理类培训任务,还承担中长期技术类培训任务。

2015年10月,为期2个月的"利比里亚援建职业技术学校教师培训班"开班。考虑到25名学员来自不同专业且基础不同,学院合理制定授课方案,聘请校内外优秀专家授课,并按照学员要求安排实操性课程,得到了全体学员的一致好评。同时,学员们还参观考察了全国4所优秀高职院校,多角度了解中国职业教育的发展现状。培训班领队戴卫在结业仪式上表示:"你们的工作,让不可能成为可能,让陌生成为熟悉,让朋友成为亲人。

2015年11月,学校协办了古巴港口发展及物流服务专题研修班,这是古巴马里埃尔发展特区第2次专程派员来校学习。为更好地解答古方在实际工作当中碰到的问题,学校邀请了中国物流协会领导、招商国际专家、大连海事大学教授、宁波舟山港专家等业内人士为古巴学员授课,还带领学员实地参观了宁波港、上海洋山港、宁波物流产业园和宁波航运中心。宁波市委副书记余红艺还亲切接见了古方全体学员。培训结束后,古方表示对培训成果非常满意,并充分肯定了学校在课程设计、志愿者服务、起居安排等方面的工作。

(三)开设系列课程,传播中国文化

文化是国家软实力的重要体现,文化沟通和交流是"一带一路"建设的重要内容。宁波职业技术学院自承办援外培训项目起,始终将促进参训学员的文化认同和理解作为培训必不可少的内容。为加深各国援外学员对中国的了解,学院特别引进对外汉语专业教师为学员提供中文学习指导,安排学员参观部分城市的博物馆等。另外,研修班通过开设一些特色讲座,如《中国的基本国情》《中国人和哲学》《宁波经济发展》《宁波人文》等,使学员对中国的历史与国情以及宁波当地的经济、文化等有了更客观全面的了解。同时,研修班开设了具有中国特色的中华文化体验课程,学员们练书法、习武术、巧剪纸、学茶艺,今年新增课程是在宁波红牡丹书画国际交流社学习牡丹绘画,以"国花"为媒,感受中国传统文化的无穷魅力,让中华文化走向世界。

二、援外培训工作创新

(一)实践和理论双轮驱动

将中国职业技术教育援外培训基地的工作与发展中国家职业教育研究院的工作相结合,是学校援外工作的一大创新。2012年6月,全国唯一的职业教育类援外培训基地——"中国职业技术教育援外培训基地"落户宁波职业技术学院。依托该基地,2013年4月,由教育部职业技术教育中心研究所、宁波市教育局和宁波职业技术学院三方合作成立的"发展中国家职业教育研究院"在学校正式挂牌。

2015年10月,由发展中国家职业教育研究院主办的第二届发展中国家职业教育国际论坛在学院举行。论坛以"职业教育的国际援助:现状、问题和趋势"为主题,深入探讨了职业教育如何响应国家"一带一路"倡议,进一步提升职业教育国际援助的成效,推动职业教育国际化进程。发展中国家职业教育校长研修班、发展中国家职业教育宏观政策研修班、利比里亚援建职业技术学校教师培训班的70余名学员全程参与论坛并同与会中国职教专家交流探讨共同关心的话题。对于此次论坛,学员们说得最多的是"幸运""敬佩"与"合作",纷纷表示希望把本国的职教理念同中国的职教经验相结合,共同推动职业教育的发展。

(二)引进和输出双翼齐飞

作为试验区重点推进项目的"中国职业教育'走出去'计划"责任单位,学院依托现有援外培训平台和资源,通过在非洲当地开展职业教育培训,加大中国对非洲国家的技术类援助。同时,学院积极配合中资企业"走出去"战略,为驻外企业培养具有国际化视野的管理人才,培训本土所需的技能型人才,为中国文化的传播、企业先进理念与先进设备的输出提供窗口,为企业与当地更深更广的经济合作搭建平台。

2015年7月18日至8月2日,宁波职业技术学院电信学院教师胡克满和工商学院教师江彬赴非洲贝宁CERCO学院进行了为期2周的专业授课,受到贝宁学员的热烈欢迎和高度评价,增进了中非(贝)友谊,迈出了学院海外办学的第一步。在贝宁授课期间,两位教师克服不利条件,用英文为当地百余名学生讲课。通过各类案例剖析与讲解、理论与动手操作相结合的讲座,向非洲学子展现了当代中国先进的职教理念,展示了中国优秀教师的风采。短短的2周时间,学生们就与两位教师培养了深厚的感情,他们希望能再次聆听中国教师讲课,还希望能到中国留学深造。

去年,宁波职业技术学院与贝宁CERCO学院、浙江天时国际有限公司在贝宁签署合作协议,就共同筹建"中非(贝宁)职业教育培训中心"达成一致意见。未来,培训中心将以贝宁为中心,为西非各国和在非中资企业培训各类实用的技能型人才,输出中国文化和职教技术,践行中国职教"走出去"战略,助推"一带一路"建设。

(三)教育与产业双管齐下

宁波职业技术学院的援外工作一直本着"以培训带动交流,以交流促进合作,以合作带动发展"的理念,在做强职教援外品牌的同时,继续做大港口和汽车两大产业援外品牌,为中国企业实施"走出去"战略提供平台。

宁波职业技术学院先后与招商局国际有限公司、中国电子科技集团公司、浙江吉利汽车有限公司、天时国际集团、海天集团、中银电池、赛尔集团等国内知名企业建立合作关系,并利用全国物流管理专业教学资源库单位的便利,带领港口班学员实地考察上海洋山港、广州港、大连港、宁波舟山港等中国重要港口,带领汽车班学员参观吉利成都生产基地和北仑春晓生产基地,参观中国电子科技集团第二十研究所,使学员全方位、多角度地了解中国经济发展现状,亲身感受中国改革开放以来取得的伟大成就。

2015年7月11日,交通部和宁波市政府主办的首届海丝港口国际合作论坛在宁波举行。来自宁波港、釜山港、斐济港、安特惠普港等"海上丝绸之路"沿线港口以及相关政府部门、行业组织、物流企业的代表齐聚一堂,共议打造"海上丝绸之路"沿线港口交流与合作平台,促进互利共赢,推进"一带一路"建设。亚洲国家港口管理研修班、非洲港口管理研修班的学员受宁波舟山港的邀请,全程参与了此次论坛。会上,学员们认真听取国内外港口专业的报告,抓住每一次提问机会主动进行交流。会后,一位来自埃及的学员表示,这是他生平第一次参加港口类论坛,非常荣幸可以听到世界各大港口负责人的演讲,这种机会在他们国家是很难遇上的,论坛上获得的资讯对他今后的工作有很大帮助。另外,这次论坛也为企业产品输出和海外投资打开了新的渠道。

三、援外培训工作成效

学院在援外培训项目工作开展中所取得的成果引起媒体的广泛关注,《光明日报》《中国青年报》以及新华网等媒体多次报道学院承办援外研修班、助力中国企业实施"走出去"战略等相关内容。

2015年6月2日,《光明日报》(职业教育版)以《助力"一带一路"国家战略实施》为题,专门刊载了学院依托援外培训助力"一带一路"建设的办学实践。2015年10月30日,《宁波日报》专版刊登《宁波职业技术学院援助发展中国家培训项目助力"一带一路"国家战略》。《浙江教育报》《宁波日报》《宁波晚报》《东南商报》和北仑电视台等媒体先后对学院教师赴贝宁开展职业技术教育"走出去"培训进行了报道,引起社会各界的较好反响。

2015年,学院的援外培训工作受到各国学员的好评。以利比里亚援建职业技术学校教师培训班为例,全体学员在华学习2个月期间,多次就培训课程设计和生活起居安排表示感谢,并在结业典礼时送上有全体学员签名的感谢信。此外,学院还收到商务部培训中心抄送的驻利比里亚使馆经商处《报回利青体部感谢信事》,内写:"自 2009 年以来,宁波职业技术学院承办多个援外培训项目,为利青年能力建设和发展做出许多贡献,许多赴华参训学员已在青体部身居要职,在职业技术培训领域起到引领示范作用。"

2016 年宁波职业技术学院援外培训工作总结报告

2016 年,宁波职业技术学院共为来自 48 个国家的 300 名港口类、教育类和工业领域类官员和技术人员提供培训。作为全国唯一的职业技术类援外培训基地,学校认真贯彻落实国家"一带一路"倡议,利用援外平台,不断深化产教融合、地校合作、协同创新,积极拓展职业教育对外援助,增强发展中国家软实力,赋予对外援助新内涵,提升中国高职教育国际影响力,助推中国企业海外发展。

附表 1   2016 宁波职业技术学院承办援外培训研修班一览表

序号	研修班名称	举办时间	学员所在国别	人数	类别
1	发展中国家港口管理研修班	3 月 25 日—4 月 14 日	格鲁吉亚、斯里兰卡、巴拿马、密克罗尼西亚、瓦努阿图	16	多边官员
2	非洲英语国家港口管理研修班	3 月 25 日—4 月 14 日	埃塞俄比亚、尼日利亚、利比里亚、加纳	10	多边官员
3	发展中国家暨"一带一路"沿线相关国家青年教育工作者研修班	5 月 5 日—5 月 25 日	阿塞拜疆、格鲁吉亚、尼泊尔、乌兹别克斯坦、埃及、尼日利亚、巴拿马	22	多边官员
4	瓦努阿图初高中教师研修班	5 月 13 日—6 月 2 日	瓦努阿图	20	双边官员
5	越南基础教育研修班	5 月 20 日—6 月 8 日	越南	20	双边官员
6	非洲法语国家港口管理研修班	6 月 1 日—6 月 21 日	刚果(金)、几内亚、阿尔及利亚、科特迪瓦、毛里求斯、尼日尔、中非、科摩罗、塞舌尔	25	多边官员

续　表

序号	研修班名称	举办时间	学员所在国别	人数	类别
7	古巴工业领域技术人员培训班	6月30日—7月29日	古巴	23	双边技术人员
8	发展中国家港口、航道规划与管理研修班	9月1日—9月21日	加纳、文莱、缅甸、斯里兰卡、越南、桑给巴尔、洪都拉斯、特立尼达和多巴哥	29	多边官员
9	发展中国家海运管理研修班	9月1日—9月21日	格鲁吉亚、东帝汶、加纳、塞舌尔、塞拉利昂、毛里求斯、安巴、巴拿马、斯里兰卡	19	多边官员
10	发展中国家港口业务和信息化培训班	9月1日—9月28日	埃及、加纳、塞拉利昂、苏丹、安巴、多米尼克	15	多边技术人员
11	发展中国家职业教育宏观政策研修班	10月11日—10月31日	东帝汶、洪都拉斯、莱索托、马达加斯加、南非、桑给巴尔、斯里兰卡、乌干达、伊朗、赞比亚、缅甸、哥伦比亚、柬埔寨、加纳、肯尼亚	43	多边官员
12	发展中国家职业技术教育教师培训班	10月11日—11月7日	安提瓜和巴布达、加纳、莱索托、南苏丹、约旦、赞比亚、缅甸、厄立特里亚、多米尼克、格林纳达	28	多边技术人员
13	刚果(布)矿业港管理研修班	10月27日—11月9日	刚果(布)	20	双边官员

一、援外培训工作成效

(一)用心高效服务,为学员提供良好的生活学习环境

调查显示,有94.39%的学员对日常生活与学习的总体服务情况十分满意。无论是对学校领导、管理人员还是对跨文化交流使者工作坊(学生志愿者),学员们都表示十分满意他们的工作,为他们在非工作时间仍然提供事无巨细的服务所感动。在交流中学员们表示工作人员有着很强的责任感和很高的服务水平。

　　在瓦努阿图初高中教师研修班举办期间，研修班一位学员突发心肌梗死，工作人员第一时间拨打"120"急救电话，并护送学员入院治疗。在学员术后康复阶段，工作人员更是 24 小时排班照顾。这位学员出院时，哽咽着对工作人员说："是你们，让我在异国他乡，在最恐惧无助的时候，感受到了家的温暖，是你们给了我第二次生命，感谢你们，感谢中国！"在离开学院之际，他手写了一封感谢信交给学院领导，一再表达感激之情。

　　在发展中国家职业技术教育教师培训班结束之际，全体学员为了感谢 20 多天来为他们提供无微不至服务的学生志愿者，自发为志愿者们组织了一场惊喜派对，他们自费购买比萨、零食、水果和饮料，还为志愿者们表演了本国的民族歌舞。

　　(二)"做中学，学中做"，全方位、全领域推介中国职业教育

　　为保障援外培训各项工作顺利开展，构建系统而有职教特色的援外培训管理模式，学校结合实际情况，大胆创新，将援外项目与学校育人工作相结合，积极贯彻落实"做中学，学中做"理念，将每次援外培训项目设计分解成若干个实训项目。

　　87.25％的学员反馈，通过学习更加了解了中国以及中国的职业教育。南非高等教育和培训部的一位官员表示："之前只是听别人说起中国，这次亲自过来，还是发现有很多不同的地方。比我听到的还要好，还要震撼。中国人民确实伟大。我从中国学到了很多东西，希望能够带着这些经验回国，促进我们国家职业教育的发展壮大。"来自乌兹别克斯坦公共教育部的学员说："在过去的二十一天里，我们学到的东西远远高于我们的预期，超出我们的需要，甚至比本次研修班的预设内容还要丰富。职业技术教育有国家层面的合作和领导力方案，以市场为方向的课程建设，在校区内建立不同的园区以加强校企合作、三方合作等，给我留下了深刻的印象。"

　　(三)互学互鉴互帮，为学员提供生动案例

　　为提高援外培训项目质量，学校创建了援外培训项目教学师资管理资源库，邀请国内教育、港口和工业领域的知名专家，"以培训带动交流，以交流促进合作，以合作带动发展"，通过课堂学习、研讨交流、亲身体验、参观考察等培训方式，努力将中国先进的教育理念、港口管理经验和汽车产业发展

理念与各国学员分享,提供生动案例,解答学员提出的各类疑问和遇到的不同难点。83.12％的学员认为培训内容对实际工作有帮助;访谈中大部分学员也表示这些案例为本国实践提供了借鉴。

(四)"海享"创业平台,为"走出去"企业牵线搭桥

在研修班开办期间,来自各国的学员还参加了由学院主办的以跨境贸易为主题的"海享"创业咖啡系列活动。总计有百余位来自浙江外贸企业的负责人、大学生创业代表等参加了活动。该活动为宁波外贸企业与广大发展中国家学员提供了对接的机会,通过共建交流服务平台的方式,最大限度地利用社会资源,实现资源共享,为"走出去"企业提供投资机会与增值服务。其中,来自大学生创业企业的徐凌钐总经理通过这次活动与来自巴拿马市政厅的弗兰切斯基(Tilcia Franceschi)女士达成初步合作意向。宁波美博进出口有限公司经理负责人还专程来到学院,向学院呈送感谢信并当面表达了继续深化校企合作的意愿:"这次真是感谢宁职院的援外基地,让我们结识了那么多的客户,如果让我们一个个找,不知道要花费多少时间和精力,而宁职院却一次性帮我们做到了,这实实在在为我们的海外发展解决了大问题。"

学校在援外培训项目工作开展中所取得的成果引起媒体的广泛关注,人民网、光明网、腾讯网等网络媒体,《浙江日报》《中国教育报》《宁波日报》《现代金报》《宁波晚报》《东南商报》以及浙江电视台、宁波电视台等新闻机构多次报道学院承办援外研修班、助力中国企业实施"走出去"战略等相关内容。

二、援外培训工作亮点

(一)参与"一带一路"建设,助推中资企业海外拓展

2016年10月18日,宁波职业技术学院与中国教育国际交流协会、宁波市教育局共同主办的"一带一路"产教协同峰会在北京举行,来自国内"一带一路"沿线省区市的18所高职院校、中航国际成套设备有限公司等10家国内标杆企业和行业协会的代表,以及正在学院学习的发展中国家职业教育宏观政策研修班和发展中国家职业技术教育教师培训班的71名来自斯里兰卡、缅甸、柬埔寨等21个"一带一路"沿线国家的职教领域代表参加了

会议。

中国教育国际交流协会副秘书长宗瓦、教育部国际交流司政策法规处处长刘剑青、教育部职业教育与成人教育司高职发展处副处长任占营、宁波市教育局副局长胡赤弟、教育部职业技术教育中心研究所所长杨进、中国职业技术教育学会副会长马树超、商务部中国服务外包研究中心副主任邢厚媛、全国高职高专校长联席会议主席董刚等领导和专家出席会议并作了主旨演讲。

来自发展中国家职业教育宏观政策研修班的柬埔寨教育、青年和运动部的 Rour Bun 先生代表"一带一路"沿线国家职业教育领域与会人员作了发言，他表示中国的"一带一路"倡议得到世界各国的关注和响应，"一带一路"倡议能够帮助沿线发展中国家增强基础设施建设，促进贸易合作，增进相互之间的理解。同时，他非常希望中国职业教育能进一步开放，"走出去"办学，帮助发展中国家改进技术，提升职业教育水平。与会单位联合发起倡议成立"一带一路"产教协同联盟，通过联盟有效整合国内外政府、行业协会、企业和高校的资源，引领国内高职院校为"走出去"中资企业培训当地员工并提供学历职业教育，提高员工的技术水平。与会单位还倡导建立常态化和有效化的联盟成员协商与联动机制，共商高职院校在"一带一路"背景下国际合作发展面临的问题，提出解决对策，共享信息资源，为政府决策提供参考。

十年来，学院依托中国职业技术教育援外培训基地平台，已培训 110 个发展中国家的 1475 名产业和教育界官员和技术人员，联合招商局港口、中航成套、电科国际、宁波舟山港、中铁十四局等大型企业共同确定培训课程，使用英语、法语、西班牙语、阿拉伯语、俄罗斯语等多语种开展培训，投资 1.2 亿元兴建中国职业技术援外培训大楼，为职教服务"一带一路"提供实践支撑。依托教育部、宁波市教育局与学院共建的发展中国家职业教育研究院，以国别研究为基础，开展国家职业教育援外培训、高职海外办学、企业"走出去"战略以及发展中国家职业教育发展研究，为职教服务"一带一路"提供理论支撑。

（二）实施海外办学战略，加快中国职教输出步伐

2016 年 10 月 18 日，"中非（贝宁）职业技术教育学院"成立暨揭牌仪式在贝宁科托努市隆重举行。科托努市市长 Lyadi Soglo 先生、副市长 Aivodji Isaae 先生、CERCO 学院校长 Alain Capo-Chichi 博士、宁波职业技术学院副

校长郑卫东教授以及中华人民共和国驻贝宁共和国使馆教育文化处、贝宁国家高等教育和科学研究部、贝宁国家基础设施与交通部、贝宁阿波美卡拉威大学、贝宁孔子学院、贝宁职业培训局、贝宁中国经济贸易发展中心有限公司(天时国际集团)、中铁十四局驻贝宁办事处等相关负责人与专家出席,贝宁学生代表等近百人参加了成立仪式。这是学院利用援外平台实施职教"走出去"的最新成果。

Lyadi Soglo 市长在讲话中代表科托努市政府和全市人民对"中非(贝宁)职业技术教育学院"的成立表示祝贺。他表示,"中非(贝宁)职业技术教育学院"的成立,预示着两国在教育领域的合作将开启新的篇章,希望学院能为科托努市、贝宁乃至西非国家培养更多实用型技能人才,将中国人民的智慧与慷慨送到贝宁,为中贝两国友谊做出贡献。

郑卫东副校长在致辞中表示,宁波职业技术学院作为商务部职业教育援外培训基地,坚持"请进来"和"走出去"培训模式,2015 年和 2016 年,学校已派遣电子商务、物流等专业教师赴贝授课,受到贝宁学员的热烈欢迎和高度评价。"中非(贝宁)职业技术教育学院"的成立,是服务国家"一带一路"建设,适应世界职业教育发展潮流的需要,未来该学院将在两国政府的支持下,以"一带一路"产教协同联盟为平台,在已有技能培训、留学生项目的基础上,进一步拓展合作领域,丰富合作内涵,推进双方事业可持续发展,进一步加强两国在职业教育领域的合作与交流。

Alain Capo-Chichi 校长简要回顾了 CERCO 学院与宁波职业技术学院的合作历史,对宁职院 3 年多来对 CERCO 学院的帮助与支持表示感谢,并同与会者分享了 CERCO 学院近年来通过与宁波职业技术学院的合作所取得的成绩。他表示,CERCO 学院将尽一切努力,将"中非(贝宁)职业技术教育学院"建设成为贝中教育合作的典范,为贝宁国家培养合格的技术人才,破解当地技术工人缺乏的困局。该学院将以贝宁为中心,每年为西非各国和在非中资企业培训 100 名以上的各类实用型技能人才,并举办中外合作办学项目,输出中国教育理念和职教技术,助推中国企业"走出去",成为中国援外培训的一张崭新名片。2016 年 10 月 22 日,贝宁基础设施与交通部部长埃尔韦·埃奥梅,贝宁经济财政部部长罗穆亚尔德·瓦达尼,贝宁总统顾问奥利维尔·博科一行在华访问期间,专程来学院调研,重点参观了中国职业技术教育援外培训基地。部长一行对学院的援外培训工作表示赞赏与肯定,希望以援外培训基地为依托,进一步扩大与学院的合作,为贝宁、为西非国家培养更多当地急需人才。

三、援外工作体会与建议

关于项目招生:在援外项目实施过程中,招生是最关键的一个环节,但在实际操作中,学院作为承办单位直接与驻外使馆经商参赞处联络,多有不便。许多经商参赞处表示只与商务部培训中心联络,希望承办单位不要直接联系,学院发送的一些招生邮件也会被拒收。面对这样的情况,学院国际交流中心的工作人员曾积极与此前参加过培训的学员进行邮件联系,希望他们能推荐同事来参加培训,但收效甚微。建议援外项目实施过程中强化招生环节,力争每班招生人数达到预期。

关于后续跟踪:援外培训项目结束后的学员跟踪是援外工作的另一关键环节。学院指定专人通过发送邮件、打电话、寄送贺卡等方式与研修班学员保持不间断的联系,但是许多学员在回到本国后,由于各种客观原因(如有些国家通信网络覆盖率不高,有些学员未配备电脑等)无法与学院取得联系。建议商务部在后续跟踪环节给予承办单位一定的指导与帮助;学院目前也在酝酿到部分国家有针对性地跟进与回访援外学员,希望商务部能在政策、资金上给予一定的支持。

关于食宿标准:目前的住宿与伙食补贴标准已经执行多年,建议有关部门在现有基础上增加补贴,使各承办单位能更好地安排好学员的生活。

关于学员管理问题:在今年的项目运行过程中,有好几位学员在未事先告知的情况下擅自更改机票改换行程,一部分学员在经工作人员多次沟通后取消更改,但仍有部分学员坚持己见,强行更改。建议设立信息库,把违反原则和规定的学员纳入信息库,并通知其所在国有关部门。

总之,宁波职业技术学院立足国家发展战略,利用自身优势,开展援外职业技术教育培训,既促进了学校特色化发展,又服务了社会经济发展。经过八年的努力,学院援助发展中国家培训品牌已初见成效,获得各方认可。为此,宁波市、北仑区两级财政共同投资1.2亿元在宁职院建设"发展中国家援外培训大楼",为援外工作提供支持。该工程项目被列入《宁波市经济社会转型发展三年行动计划》。未来,学校将进一步整合资源,结合区域优势,开展多方面合作,不断提高援外培训质量,以助力"一带一路"建设为方向,以服务中国企业海外发展为抓手,为中资企业"走出去"搭建桥梁、培养人才,实现多方共赢,打造具有中国特色的职业技术援外培训品牌。

2017年宁波职业技术学院援外培训工作总结报告

2017年,宁波职业技术学院共为来自48个国家的537名港口类、教育类和制造类官员和技术人员提供培训。作为全国唯一的职业技术类援外培训基地,学院认真贯彻落实国家"一带一路"倡议,以省重点高校建设为契机,依托援外基地平台,不断深化产教融合、地校合作、协同创新,积极扩大援外范围,创新援外模式,拓展援外内涵,增强发展中国家软实力,提升中国高职教育国际影响力,助推中国企业海外发展。

一、扩大援外规模,增强了中国职教和"中国制造"的辐射力

2017年,援外培训学院共圆满完成中华人民共和国商务部委托的21期双边或多边援外培训项目,培训语种包括英语和法语,培训领域涉及职业教育、港口管理及制造业。任务重、周期长,援外培训学院克服重重困难,完成了所有任务。通过扩大援外规模与范围,提高了中国职教、中国制造、中国文化在发展中国家的认知度与影响力。

附表2　2017年宁波职业技术学院承办研修班一览表

序号	研修班名称	举办时间	学员所在国别	人数	类别
1	发展中国家职业教育宏观政策研修班	4月6日—4月26日	巴拿马、赞比亚、乌干达、尼日利亚、南苏丹、马拉维、加纳、斯里兰卡、柬埔寨	33	多边官员
2	发展中国家职业教育校长研修班	4月6日—4月26日	赞比亚、尼日利亚、南苏丹、马拉维、肯尼亚、津巴布韦、斯里兰卡	26	多边官员

续 表

序号	研修班名称	举办时间	学员所在国别	人数	类别
3	发展中国家港口管理研修班	5月4日—5月24日	牙买加、巴拿马、约旦、乌干达、苏丹、桑给巴尔、塞拉利昂、冈比亚、缅甸、格鲁吉亚、巴基斯坦	31	多边官员
4	非洲法语国家港口管理研修班	5月4日—5月24日	几内亚、科摩罗、吉布提、突尼斯、阿尔及利亚、加蓬、赤道几内亚、科特迪瓦、刚果金、毛里塔尼亚	27	多边官员
5	斯里兰卡港口管理研修班	5月17日—6月6日	斯里兰卡	26	双边官员
6	发展中国家职业教育宏观政策部级研讨班	6月6日—6月13日	萨摩亚、巴拿马、南苏丹、卢旺达、马拉维、毛里求斯、格鲁吉亚、柬埔寨、尼日利亚、埃塞俄比亚	24	多边官员
7	缅甸职业教育发展研修班	6月13日—7月2日	缅甸	20	双边官员
8	南非职业能力建设与改革研修班	6月13日—7月3日	南非	17	双边官员
9	发展中国家职业技术教育教师研修班	6月13日—7月12日	瓦努阿图、密克罗尼西亚、巴拿马、格林纳达、哥斯达黎加、赞比亚、津巴布韦、乌干达、南苏丹、毛里求斯、马拉维、利比里亚、冈比亚、厄立特里亚、柬埔寨、阿富汗	69	多边官员
10	湄公河流域沿线国家区域教育发展规划研修班	7月5日—7月19日	柬埔寨、越南、老挝	20	多边官员
11	格林纳达汽车维修技术海外培训班	7月10日—7月30日	格林纳达	26	海外班
12	阿富汗机床技术职业技术教师培训班	7月13日—10月10日	阿富汗	24	双边官员
13	乍得职业技术培训学校教师研修班	7月15日—8月4日	乍得	20	双边官员

续　表

序号	研修班名称	举办时间	学员所在国别	人数	类别
14	斯里兰卡职业教育海外培训班	8月15日—9月3日	斯里兰卡	20	海外班
15	毛里求斯港口管理研修班	9月7日—9月18日	毛里求斯	20	双边官员
16	喀麦隆港口运营与管理研修班	9月8日—9月28日	喀麦隆	20	双边官员
17	阿尔及利亚港口建设与管理研修班	9月12日—10月2日	阿尔及利亚	20	双边官员
18	南非港口管理研修班	10月9日—10月29日	南非	19	双边官员
19	东帝汶机械电器维修职业教育培训班	12月11日—12月10日	东帝汶	23	双边官员
20	东帝汶旅游行业服务职业教育培训班	12月29日—12月28日	东帝汶	27	双边官员
21	泰国创新创业发展和职业教育研修班	12月15日—12月25日	泰国	25	双边官员

二、承办部级培训和全国首个非学历一年期援外班,扩大中国职教的国际影响力

2017年,发展中国家职业教育宏观政策部级研讨班于6月6日—13日在北京、宁波两地举行,来自萨摩亚、南苏丹、毛里求斯、卢旺达、柬埔寨、马拉维、巴拿马、埃塞俄比亚、格鲁吉亚、尼日利亚等国的23位部司级官员参加了此次研讨班。本次研讨班受到各级领导的高度重视。商务部国际商务官员研修学院副院长何定、商务部国际商务官员研修学院联络办公室处长徐凯、教育部职业技术教育中心研究所所长杨进、教育部职成教司高职高专处处长林宇、天津市教育委员会副主任吕景泉、宁波市商务委副主任徐建华、宁波市教育局副巡视员汪维民、上海师范大学原校长李进、中国职业技术教育学会副会长马树超等领导与专家分别出席研讨班开班结业仪式或参加现场研讨。

研讨班举办期间恰逢"一带一路"产教协同国际论坛在宁波召开,学员们受邀全程参与盛会,埃塞俄比亚瓦克莫大学副校长艾罗吉·塔司菲·乌尔德麦斯科女士,卢旺达劳动力发展局局长杰罗姆·贾萨那,柬埔寨教育、青年和体育部国务秘书英·科赫等还结合本国职业教育发展现状在论坛上做作旨

发言。

除承办部级培训班外,学院还首次承办全国首个非学历一年期援外班,试水校内"院院联动"新模式。2017 年 12 月 11 日,东帝汶机械电器维修职业教育培训班开班仪式在学院援外培训基地隆重举行。宁波市商务委副主任徐建华、宁波职业技术学院校长张慧波、东帝汶民主共和国教育部教育专员保罗出席开班仪式并发表讲话。此次研修班是学院第 88 期中国政府援外人力资源培训项目,同时也是全国首个非学历一年期援外班,共有 23 名东帝汶学员。本次研修班是由援外培训学院和电子信息工程学院联合协办,23 名学员将作为留学生整体纳入电信学院的日常教学与管理当中,这也是学院援外工作的首次尝试。

三、创新服务模式,海外"上门"援助初见成效

（一）助推"一带一路"建设,中国技术远播格林纳达

2017 年 7 月 10 日—30 日,由商务部主办、宁波职业技术学院承办的格林纳达汽车维修技术海外培训班在格林纳达首都圣乔治举行,这是学院承办的首个海外培训班。

中国驻格林纳达大使赵永琛先生、格林纳达教育人力资源及环境部部长宏·安东尼·博茨韦恩先生、格林纳达公共管理部人力资源管理办公室高级主管卡瑞纳·艾得女士,中国驻格林纳达大使馆经济商务参赞处秘书徐文杰先生、栾森女士,T. A. 玛丽秀社区大学校长杰弗里·布里顿博士,宁波职业技术学院党委委员、宣传部部长岑咏女士,宁波职业技术学院外事处处长胡宇先生,以及当地媒体记者等嘉宾分别出席开班仪式与结业典礼。此次培训班共有来自格林纳达政府部门、T. A. 玛丽秀社区大学和格林纳达当地汽修机构的 26 名人员参加学习。培训班重点讲授了汽车概论、汽车发动机构造、汽车保养、汽车故障检测等专业课程,并设有汽修车间实地操作环节。本次培训受到格方各界的高度关注和普遍赞扬,也得到"一带一路"产教协同联盟单位杭州职业技术学院的大力支持,在学院援外培训史上具有重要意义。培训班结束后,中国驻格林纳达大使馆经商处对培训班给予高度肯定,并发来感谢信。

（二）援外培训花开印度洋，海外办班受欢迎

2017 年 8 月 17 日上午，由商务部主办、宁波职业技术学院承办的斯里兰卡职业教育海外培训班在科伦坡顺利开班。该培训班是中国政府首次在斯里兰卡举办的海外双边培训，也是继 2017 年 7 月份举办格林纳达汽车维修技术海外培训班后，学院承办的第二个"走出去"海外培训项目。来自斯里兰卡技能发展和职业培训部、高等职业教育委员会、职业技术大学等单位的 20 位官员与专家接受了职教领域的系统培训。斯里兰卡技能发展与职业培训部常务秘书皮·冉那普让先生、斯里兰卡外资局主管诺·瑞兹娜·阿妮丝女士，中国驻斯里兰卡大使馆经商参赞处杨作源先生，中国职业教育学会副会长、"一带一路"产教协同联盟专家顾问马树超教授出席了开班仪式。斯里兰卡外资局主管诺·瑞兹娜·阿妮丝女士致欢迎辞。

在了解了承办单位宁波职业技术学院的办学特色和"一带一路"产教协同联盟等相关情况后，不少学员表示，希望借中国"一带一路"倡议东风，依托"一带一路"产教协同联盟平台，与中国高职院校开展交流合作，并传达了相关机构加入联盟的意愿。

四、深化"政校企"协同援外模式，探索援外育人模式

2017 年 6 月 9 日，由中国教育国际交流协会、宁波市教育局和宁波职业技术学院牵头倡议的全国首个"一带一路"产教协同联盟在宁波宣告成立。有来自全国的 76 家高职院校、中航国际等 13 家不同行业的龙头企业，以及中国教育国际交流协会、有色金属工业协会、国家半导体产业联盟等多个行业组织加入联盟。联盟致力于推进职业院校国际交流与合作、搭建国际化产教协同平台、拓展国际科研合作、促进"一带一路"文化交流，推动"一带一路"沿线的职业教育合作，探索职业教育国际化办学的新模式、新途径，提升职业院校国际化水平。同时，通过搭建国际化产教协同平台，建立产教协同信息交互机制，优化国内外企业、职业院校信息沟通渠道。为更好地开展援外培训工作，宁波市投资 1.2 亿元在学院兴建的"一带一路"产教协同联盟大厦正式投入使用，为服务"一带一路"倡议提供了硬件支撑。

学院基于"一带一路"产教协同联盟平台，积极探索"政校企"协同援外模式。同时，学院也基于援外工作，积极探索援外育人模式。为保障援外培

训各项工作顺利开展,构建系统而有职教特色的援外培训管理模式,学院结合实际情况,大胆创新,将援外项目与学校育人工作相结合,积极贯彻落实"做中学、学中做"理念,将每次援外培训项目设计分解成若干个实训项目,并设立"跨文化交流使者工作坊"等机构。通过这些途径,有效提升了教师的综合素质,开阔了学生的国际视野,反哺了学校的育人工作。

五、加快海外办学步伐,引多方关注与赞誉

2017年5月16日,学院党委书记毛大龙率代表团拜访了柬埔寨教育青年体育部,与国务秘书(副部长)及相关部门洽谈在柬埔寨合作成立职业技术教育培训中心事宜,并参观了柬埔寨技术学院,双方就合作共建相关专业研究中心,合作开展办学、培训等达成意向。5月19日,代表团拜访斯里兰卡职业技术大学。在前期调研商讨的基础上,两校就正式开展合作签署了备忘录,包括合作建立职业教育学院,互邀双方学者参与教学、研讨、讲座,招收留学生,以及开展两校师生的互访交流等。

学院海外办学步伐不断加快,援外成效也不断扩大。格林纳达教育人力资源及环境部部长,斯里兰卡技能发展与职业培训部常务秘书,卢旺达劳动力发展局局长,柬埔寨教育、青年和体育部国务秘书等,都曾对学院援外工作表示衷心感谢,并希望学院继续提供援助,在经济、文化、教育方面寻求进一步的合作机会。

援外培训项目工作所取得的丰硕成果引起了媒体的广泛关注,人民网、光明网、中国教育在线、浙江省政府网、浙江在线、新浪网、腾讯网等网络媒体,《人民日报》《人民政协报》《中国日报(非洲版)》《浙江日报》《中国教育报》《宁波日报》《钱江晚报》《现代金报》《宁波晚报》《东南商报》以及浙江电视台、宁波电视台等新闻机构多次报道学院承办援外研修班、成立"一带一路"产教协同联盟、助力中国企业"走出去"等相关内容。

六、援外工作体会与建议

关于海外班:学院今年首次承办了2期海外培训班,分别为格林纳达汽车维修技术海外培训班、斯里兰卡职业教育海外培训班。海外班按操作流程需在研修班开班前确定外派专家,完成项目审价。但海外项目因受援国国情不同,突发情况难以避免,如格林纳达虽然是免签国家,但中国与格林

纳达没有直达航班,要过境美国或者英国,赴格人员需办理过境签证。学院原计划派 4 位授课专家赴格,但是由于签证问题,最终只有 2 位授课专家应要求抵格。因与实施方案出入较大,该项目需重新审价,给援外工作造成了较多不便。建议海外班在开班前报送预算金额,在培训班结束后再根据实际情况进行结算。

关于双边班举办时间:今年学院共承办 12 期国内双边研修班,其中有 9 期因招生、航班等原因而改期,给援外项目的整体工作安排造成了困扰,一定程度上也降低了培训质量。建议根据受援国具体情况,在年初确定双边班举办时间时给予建议与指导,如确有变动,提前 3 周告知,以便承办方及时做出调整。

索　引

A

澳大利亚 TAFE 学院　27

澳大利亚高职教育　25

B

本土化　3

D

德国高职教育　28

G

高等教育国际化　1

国际合作研究　16

国际化优质课程　22

国际化职教体系　66

国际师资团队　20

国际项目　23

H

韩国大邱工业大学　58

合作办学　46

J

教育理念　12

K

课程国际化　14

N

宁波 TAFE 学院　52

宁波城市职业技术学院　38

宁波卫生职业技术学院　38

宁波职业技术学院　39

Q

全球化　3

R

人才培养模式　23

人才强国　11

S

实验实训基地　17

W

文化认同教育　20

X

新加坡高职教育　30

新加坡南洋理工学院　31

Y

英国索尔福德大学　60

Z

战略国际化　12

浙江纺织服装职业技术学院　39

浙江工商职业技术学院　39

职业教育资源　15

中国创造　13

中国品牌　13

中英时尚设计学院　60

后　记

　　《宁波高等职业教育国际化研究》是 2014 年宁波市社会科学研究基地——宁波高职教育强市基地立项课题的研究成果。本书总体研究思路由宁波职业技术学院任君庆设计,由宁波职业技术学院和宁波市教育科学研究所研究人员共同撰写。各章分工如下:第一章由宁波职业技术学院王琪、张振撰写;第二章由宁波职业技术学院张菊霞撰写;第三章由宁波职业技术学院王义、任君庆撰写;第四章由宁波市教育科学研究所徐鸿钧撰写;结语由宁波职业技术学院任君庆撰写;附录由宁波职业技术学院岑咏提供。全书由任君庆统稿。

　　本书编写过程中得到了宁波市社科院的大力支持与指导,在此深表感谢。由于编者水平有限,书中尚存不当之处,敬请读者指正。

图书在版编目(CIP)数据

宁波高等职业教育国际化研究/任君庆等编著. —杭州:浙江大学出版社,2018.7
ISBN 978-7-308-18242-3

Ⅰ.①宁… Ⅱ.①任… Ⅲ.①高等职业教育—国际化—研究—宁波 Ⅳ.①G718.5

中国版本图书馆 CIP 数据核字(2018)第 103264 号

宁波高等职业教育国际化研究

任君庆等 编著

责任编辑 杨利军
文字编辑 陈 翩
责任校对 丁沛岚
封面设计 春天书装
出版发行 浙江大学出版社
(杭州市天目山路 148 号 邮政编码 310007)
(网址:http://www.zjupress.com)
排　　版 浙江时代出版服务有限公司
印　　刷 绍兴市越生彩印有限公司
开　　本 710mm×1000mm 1/16
印　　张 6.25
字　　数 110 千
版 印 次 2018 年 7 月第 1 版 2018 年 7 月第 1 次印刷
书　　号 ISBN 978-7-308-18242-3
定　　价 28.00 元
